BLÄTTERTEIG
I like!

BLÄTTERTEIG

I like!

70 geniale Rezepte mit FERTIG-BLÄTTERTEIG

EMF

EIN BUCH DER
EDITION MICHAEL FISCHER

Inhalt

AMERIKA 71

ORIENT 111

Blätterteig

ALS PARTYFOOD

Kaum eine Zutat eignet sich besser als Grundlage für schnelles und leckeres Partyfood als Blätterteig. Er ist in nahezu jedem Supermarkt erhältlich, und es gibt ihn in den verschiedensten Varianten: rund, rechteckig, mit Butter im Teig oder – für Veganer – auch ohne.

Die Zubereitung ist denkbar einfach und, wie in einigen Rezepten beschrieben, lassen sich einzelne Komponenten wie Füllungen oder Saucen problemlos schon einige Stunden oder Tage im Voraus zubereiten, sodass sich der Aufwand am Tag der Party in Grenzen hält.

Zaubern Sie Ihren Gästen ganze Buffets aus süßen und herzhaften Blätterteigvarianten und überraschen Sie sie mit neuen Rezepten fernab der bekannten Klassiker wie Schinken-Käse-Schnecken und Knusperstangen. Ich nehme Sie mit auf eine kleine, kulinarische Weltreise – durch das faszinierende Europa, über den amerikanischen Kontinent bis in den nach Gewürzen duftenden Orient.

Blätterteig

SWEET SURPRISE

Wer an Finger- oder Partyfood aus Blätterteig denkt, dem kommen vermutlich zwangsläufig erst einmal herzhafte Snacks in den Sinn. Erinnern Sie sich zurück an den letzten Aperitif bei Freunden, das Partybuffet oder den Kindergeburtstag, bei dem etwas aus Blätterteig angeboten wurde. Sicherlich waren all diese Leckereien herzhaft.

In diesem Buch möchte ich Ihnen nicht nur zeigen, wie abwechslungsreich die herzhaften Rezepte mit Blätterteig sein können, sondern auch, dass Sie eine Menge leckerer, süßer Köstlichkeiten daraus zaubern können. Verwöhnen Sie sich und Ihre Gäste beim spontanen Kaffeekränzchen mit kleinen Apfel-Tartes-Tatins oder zaubern Sie in Windeseile sommerliche Cheesecake Tartes mit frischen Beeren auf den Tisch. Ganz ohne kompliziertes Teigkneten oder lange Wartezeiten. Dafür aber mit Gelinggarantie!

Gekauft vs. SELBSTGEMACHT

So manch einer mag sich die Frage stellen, was besser ist – gekaufter oder selbstgemachter Blätterteig. Und lassen Sie mich Ihnen eins versichern: Hier gibt es kein richtig oder falsch! Wenn Sie Zeit und Muße haben, Ihren Blätterteig selbst zu machen, dann tun Sie das! Ihre Gäste werden aus dem Staunen nicht herauskommen und ich garantiere Ihnen, Sie werden viel Lob kassieren.

Wenn Sie aber ein ganzes Buffet auf die Beine stellen möchten, eine große Anzahl an Leuten zu verpflegen haben oder schlicht und ergreifend vielleicht weder die Geduld noch die Lust dazu haben, dann wird es Ihnen – und das kann ich aus eigener Erfahrung bestätigen – niemand übel nehmen, wenn Sie auf ein Fertigprodukt zurückgreifen. Die wenigsten machen ihren Blätterteig selbst, da die Zubereitung ein relativ hohes Maß an Fingerspitzengefühl, Erfahrung und Zeit verlangt. Aus eben diesen Gründen wird niemand von Ihnen einen selbstgemachten Blätterteig erwarten. Nicht umsonst gibt es in Supermärkten eine so breit gefächerte Auswahl an qualitativ guten Fertigblätterteig-Produkten.

№ 3
№ 4

Rezept

BLÄTTERTEIG

FÜR 6–8 PERSONEN

ZUTATEN

FÜR DEN TEIG
- 250 g Weizenmehl
- 25 g Butter, Zimmertemperatur
- Salz

AUSSERDEM
- 250 g kalte Butter
- etwas Mehl

ZUBEREITUNG

Das Mehl zusammen mit der Butter und einer Prise Salz in eine Schüssel geben. Nun nach und nach 125 ml kaltes Wasser hinzugeben und in 7–10 Minuten zu einem glatten Teig verkneten. Der Teig sollte fest sein und nicht kleben.

Den Teig auf der Arbeitsfläche zu einem Quadrat von ca. 20 x 20 cm drücken, in Frischhaltefolie einschlagen und für etwa 30–45 Minuten in den Kühlschrank geben.

Währenddessen die Butter auf einem Backpapier zu einem Rechteck von 20 x 20 cm ausrollen. Anschließend ebenfalls in Frischhaltefolie einschlagen und für etwa 10 Minuten in den Kühlschrank geben.

Den Teig auf einer leicht bemehlten Arbeitsfläche zu einem Rechteck von 20 x 40 cm ausrollen. Die Butter auf eine Teighälfte legen, die andere Teighälfte darüberklappen und die Teigränder fest andrücken.

Schritt 1: Den Teig nun wieder zu einem länglichen Rechteck ausrollen. Dabei darauf achten, nicht zu fest zu drücken und nur in eine Richtung zu rollen. Nun von unten einen Teil des Teiges um etwa ein Drittel nach oben einschlagen, dann den oberen Teil darüberlegen. Den Teig nun

wieder in Frischhaltefolie einwickeln und für 30 Minuten in den Kühlschrank geben.

Schritt 2: Den Teig wieder zu einem länglichen Rechteck ausrollen. Nun von oben und unten jeweils nur bis zur Hälfte einschlagen, dann übereinanderklappen, sodass man einen vierlagigen Teig erhält. Diesen wieder in die Frischhaltefolie einwickeln und 30 Minuten kühlen.

Schritt 1 wiederholen, den Teig für weitere 30 Minuten kühlen, dann erneut Schritt 2 wiederholen.

Nach einer erneuten Kühlzeit von 30 Minuten ist der Teig fertig und kann auf die gewünschte Stärke ausgerollt und wie gekaufter Blätterteig verwendet werden.

Europa

Schinken-Käse-SCHNECKEN

FÜR 15–20 SCHNECKEN

ZUTATEN

- 1 Rolle Blätterteig (Fertigprodukt)
- 125 g Doppelrahm-frischkäse
- Salz, Pfeffer
- 1 Bund Schnittlauch
- 150 g Kochschinken (in Scheiben)
- 150 g Gruyère (am Stück)

ZUBEREITUNG

Den Backofen auf 180 °C (Ober-/Unterhitze) vorheizen und ein mit Backpapier belegtes Backblech parat stellen.

Den Blätterteig ausrollen, gleichmäßig mit dem Frischkäse bestreichen und mit etwas Salz und Pfeffer würzen. Den Schnittlauch waschen, in feine Röllchen schneiden und auf dem Frischkäse verteilen. Nun den Schinken daraufgeben. Den Käse fein reiben und auf dem Schinken verteilen.

Den Blätterteig anschließend von der langen Seite her eng aufrollen und mit einem scharfen Messer in ca. 2 cm dicke Scheiben schneiden.

Die Schnecken mit der Schnittfläche nach oben auf das vorbereitete Backblech geben und auf mittlerer Schiene ca. 17–23 Minuten backen. Die Schnecken sollten goldgelb und knusprig sein.

Tipp

Sollte sich der Teig samt Füllung schlecht in Scheiben schneiden lassen, die Rolle einfach für ca. 10–15 Minuten in den Gefrierschrank geben und etwas fest werden lassen.

Spargel-Käse-
ECKEN

FÜR 8 STÜCK

ZUTATEN

- 1 Rolle Blätterteig (Fertigprodukt)
- 1 Ei (Größe M)
- 750 g grüner Spargel, möglichst dünne Stangen (32–40 Stück)
- 8 Scheiben Bergkäse (ca. 220 g)
- Salz
- Pfeffer

ZUBEREITUNG

Den Backofen auf 200°C (Ober-/Unterhitze) vorheizen und zwei mit Backpapier ausgelegte Backbleche bereitstellen.

Den Blätterteig ausrollen und in 8 gleich große Stücke schneiden.

Das Ei in eine Schüssel aufschlagen und mithilfe einer Gabel gründlich verquirlen. Die holzigen Enden des Spargels abschneiden, die Käsescheiben halbieren und zur Seite stellen.

Die Teigstücke gründlich mit Ei bestreichen, den Käse diagonal auf den Teig legen und dann, je nach Stärke des Spargels, vier oder fünf Stangen darauflegen. Die zwei Ecken des Teigs über den Spargel schlagen, anschließend auf ein Backblech legen. Mit Ei bestreichen und salzen und pfeffern.

Auf mittlerer Schiene 20–25 Minuten backen. Der Käse sollte geschmolzen und der Teig goldgelb sein. Die Spargel-Käse-Ecken warm oder kalt servieren.

Knusperstangen WIE VOM BÄCKER

FÜR CA. 10–12 STANGEN

ZUTATEN

- » 2 EL neutrales Pflanzenöl
- » 2 Zwiebeln
- » 250 g Katenschinken (in Würfeln)
- » 175 g Cheddar (am Stück, alternativ Gouda)
- » 2 Rollen Blätterteig (Fertigprodukt)
- » Pfeffer
- » 1 Ei (Größe M)
- » 3 EL Mohnsamen
- » 3 EL Sesam

ZUBEREITUNG

Das Öl in einer Pfanne auf mittlerer Stufe erhitzen. Währenddessen die Zwiebeln schälen, fein würfeln und anschließend für 5 Minuten darin glasig dünsten. Den Katenschinken dazugeben und weitere 3 Minuten mit anbraten. Die Zwiebel-Schinken-Mischung abkühlen lassen, den Käse fein reiben.

Den Backofen auf 180 °C (Ober-/Unterhitze) vorheizen und ein mit Backpapier ausgelegtes Backblech bereitstellen.

Eine Rolle des Blätterteigs ausrollen und die Zwiebel-Schinken-Mischung zusammen mit etwa 100 g des Käses darauf verteilen und mit Pfeffer würzen. Den zweiten Blätterteig ausrollen und darauflegen. Mit einem scharfen Messer oder einem Pizzaroller in 10–12 gleich breite Streifen schneiden.

Die Teigstreifen vorsichtig auf das vorbereitete Backblech legen und spiralförmig eindrehen. Nun das Ei in eine Schüssel aufschlagen, mit einer Gabel kräftig verquirlen und die Stangen damit bepinseln. Anschließend mit Mohn und Sesam bestreuen und den restlichen Käse darauf verteilen.

Die Knusperstangen auf mittlerer Schiene 23–28 Minuten backen. Sie sollen goldgelb und knusprig sein.

Kleine Apfelstrudel
MIT VANILLESAUCE

FÜR 8 STRUDEL

ZUTATEN

FÜR DIE APFELSTRUDEL

- 100 g Haselnusskerne
- 4 festfleischige, säuerliche Äpfel (z.B. Cox Orange, Elstar, Granny Smith)
- 50 g Zucker
- ½ TL gemahlener Zimt
- 1 Pck. Vanillezucker
- 10 g Weizenmehl
- frisch gemahlene Muskatnuss
- Saft und Abrieb von 1 Bio-Zitrone
- 2 Rollen Blätterteig (Fertigprodukt)
- 1 Ei (Größe M)
- 1 EL Milch
- 4 EL brauner Zucker

FÜR DIE VANILLESAUCE

- 300 ml Milch
- 200 g Sahne
- 40 g Zucker
- 1 Vanilleschote
- 7 g Maisstärke
- 3 Eigelb (Größe M)

ZUBEREITUNG

Die Haselnüsse in einer Pfanne ohne Fett rösten, bis sie duften. Anschließend die Haut der Nüsse etwas abrubbeln und die Nüsse grob hacken.

Für die Strudel die Äpfel waschen, schälen, vierteln, das Kerngehäuse entfernen und in ca. 2 x 2 cm große Stücke schneiden. Die Äpfel zusammen mit dem Zucker, dem Zimt, dem Vanillezucker, dem Mehl, den Nüssen, einer Prise Muskat sowie 1 EL Zitronensaft und einer Prise Schalenabrieb in eine Schüssel geben und vermengen.

Den Backofen auf 180 °C (Ober-/Unterhitze) vorheizen und ein mit Backpapier belegtes Backblech parat stellen.

Den Blätterteig ausrollen und in jeweils 4 gleich große Stücke à ca. 20 x 12 cm schneiden.

Den ersten Strudel füllen. Dazu ein Achtel der Füllung mittig entlang der langen Seite auf den Teig geben. Die kurzen Seiten etwas über die Füllung schlagen und anschließend die langen Seiten über die Füllung legen. Den Strudel mit der Teignaht nach unten auf das vorbereitete Backblech legen. Die restlichen Strudel ebenso formen.

Das Ei mit der Milch in eine Schüssel geben und verquirlen. Strudel mit der Ei-Milch-Mischung bestreichen und jeweils mit ½ EL braunem Zucker bestreuen.

Auf mittlerer Schiene 25–30 Minuten backen, bis die Strudel goldgelb sind.

Währenddessen für die Vanillesauce die Milch zusammen mit der Sahne und dem Zucker in einen Topf geben. Die Vanilleschote auskratzen. Das Mark und die ausgekratzte Schote zusammen zur Milch-Sahne-Mischung geben und bei mittlerer Hitze einige Minuten köcheln lassen. Die Vanilleschote entfernen.

Stärke mit den Eigelben in eine Schüssel geben und verrühren. Einige EL der heißen Milch unter stetigem Rühren zur Eigelbmischung geben, um Klumpen zu verhindern. Nun die Eigelbe zur Milch in den Topf geben und bei schwacher bis mittlerer Hitze erwärmen, bis die Sauce andickt. Nicht aufkochen lassen!

Die Vanillesauce durch ein Sieb in eine Schüssel geben und sofort mit den Apfelstrudeln servieren.

Pestoblume
MIT BASILIKUM

FÜR 1 BLUME

ZUTATEN

- 50 g Walnusskerne
- 3 Bund Basilikum
- 2 Knoblauchzehen
- Salz
- Pfeffer
- 150 ml Olivenöl
- 70 g Parmesan (am Stück)
- 3 Rollen Blätterteig (Fertigprodukt)
- 1 Ei (Größe M)

ZUBEREITUNG

Walnüsse in einer Pfanne ohne Fett anrösten, bis sie duften. Aus der Pfanne nehmen, abkühlen lassen. Basilikum waschen, trocken schütteln, abzupfen. Knoblauch schälen. Beides zusammen mit den Nüssen, Salz und Pfeffer sowie etwa einem Drittel des Öls in den Standmixer geben und zerkleinern.

Parmesan fein reiben und zusammen mit dem restlichen Öl unter das Pesto rühren. Mit Salz und Pfeffer abschmecken, zur Seite stellen. Den Backofen auf 180 °C (Ober-/Unterhitze) vorheizen.

Blätterteig aus dem Kühlschrank nehmen, ausrollen und aus jedem Teig einen Kreis von 24 cm Durchmesser ausschneiden. Den ersten Kreis auf ein mit Backpapier ausgelegtes Backblech geben, 2 EL des Pestos daraufgeben und gleichmäßig bis zum Rand verstreichen. Den nächsten Teigkreis auflegen, leicht festdrücken und wieder 2 EL des Pestos daraufgeben und verstreichen. Abschließend den dritten Teigkreis daraufgeben und etwas festdrücken.

Nun ein Trinkglas mittig auf den Teig setzen und den Teig, vom Glas ausgehend, zum Rand hin in 16 gleichmäßige Streifen schneiden. Immer zwei Streifen entgegengesetzt zweimal nach außen drehen und die Enden der beiden Streifen zusammendrücken.

Ei in eine Schüssel geben und verquirlen. Blume damit einstreichen und auf mittlerer Schiene ca. 25–30 Minuten backen. Schmeckt warm oder kalt!

Tipp

Das Pesto kann problemlos schon einige Tage im Voraus zubereitet und im Kühlschrank aufbewahrt werden. Dazu das Pesto in ein Glas geben, die Oberfläche großzügig mit Öl bedecken und das Glas verschließen.

Tipp

Übrig gebliebenes Pesto einfach im Kühlschrank aufbewahren und mit Pasta genießen.

Pizza-Waffeln
MIT SALAMI

FÜR 4–6 WAFFELN

ZUTATEN

- 125 g passierte Tomaten (Dose)
- 3 Stängel Basilikum
- Salz
- Pfeffer
- 2 Rollen Blätterteig (Fertigprodukt)
- 12 Scheiben Salami
- 100 g geriebener Mozzarella

ZUBEREITUNG

Für die Tomatensauce die passierten Tomaten in eine Schüssel geben, Basilikum waschen, trocken schütteln, fein hacken und zusammen mit etwas Salz und Pfeffer unterrühren. Abschmecken.

Die beiden Blätterteige ausrollen und in der Größe passend zum Waffeleisen jeweils in 4–6 gleich große Teile schneiden. Jeweils 1 EL Sauce auf die Hälfte der Teigstücke geben und verstreichen. Dabei einen Rand von 1 cm lassen. Salami und Mozzarella auf die Sauce geben.

Ein zweites Teigstück darauflegen und die Ränder verschließen. Alle Waffeln auf diese Weise fertigstellen.

Die Waffeln in den Kühlschrank geben und währenddessen das Waffeleisen auf mittlerer Stufe vorheizen. Sobald das Waffeleisen heiß ist, die Waffeln nacheinander für ca. 4–6 Minuten ausbacken, bis sie goldgelb und knusprig sind.

Die Waffeln schmecken heiß oder kalt.

Schnelle Spargel-RICOTTA-TARTE

FÜR 1 GROSSE ODER 4 KLEINE TARTES

ZUTATEN

- 1 Rolle Blätterteig (Fertigprodukt)
- 75 g Parmesan (am Stück)
- 400 g Ricotta
- Abrieb von 1 Bio-Zitrone
- Salz
- Pfeffer
- 1 Ei (Größe M)
- 600 g grüner Spargel

ZUBEREITUNG

Den Backofen auf 180 °C (Ober-/Unterhitze) vorheizen.

Den Blätterteig ausrollen und entweder ganz lassen oder in 4 gleich große Stücke à 20 x 12 cm schneiden. Den Teig auf ein vorbereitetes Backblech geben.

Den Parmesan fein reiben und zusammen mit dem Ricotta in eine Schüssel geben. Den Zitronenabrieb hinzugeben und alles gründlich vermengen. Nun mit Salz und Pfeffer abschmecken.

Das Ei in eine Schüssel schlagen und mithilfe einer Gabel gründlich verquirlen. Den Rand der Tarte mit Ei einstreichen. Ricotta auf die Tarte geben und verstreichen. Dabei rundherum einen Rand von 1–2 cm lassen.

Die holzigen Enden des Spargels abschneiden. Die Stangen nun gleichmäßig auf der Ricottamasse verteilen. Die Tarte auf mittlerer Schiene 30–35 Minuten backen. Der Rand sollte goldgelb sein und der Spargel durchgegart.

BLADE MADE IN USA

Blätterteig-Cracker MIT ROSMARIN & SALZ

FÜR CA. 30–35 STÜCK

ZUTATEN

- 1 Rolle Blätterteig (Fertigprodukt)
- 3 Zweige Rosmarin
- 3 EL Olivenöl
- 3 TL Meersalzflocken

ZUBEREITUNG

Den Backofen auf 200 °C (Ober-/Unterhitze) vorheizen.

Den Blätterteig ausrollen und mit einem scharfen Messer oder einem Pizzaroller in 5 x 5 cm große Cracker schneiden. Die Cracker mit etwas Abstand zueinander auf ein mit Backpapier belegtes Backblech geben.

Die Nadeln des Rosmarin abzupfen und grob hacken. Die Cracker mit etwas Olivenöl bepinseln und mit Rosmarin und Meersalz bestreuen.

Auf mittlerer Schiene für 6–8 Minuten backen. Die Cracker dann mit einem Backpapier abdecken, ein Backblech auf die Cracker legen, um sie zu beschweren, und weitere 10–15 Minuten backen, bis sie goldgelb und knusprig sind.

Die Cracker aus dem Ofen nehmen und vollständig abkühlen lassen.

Tomaten-Quiches MIT MASCARPONE

FÜR 8 QUICHES À 12 CM Ø

ZUTATEN

- 2 Rollen Blätterteig (Fertigprodukt)
- 500 g Kirschtomaten
- 300 g Mascarpone
- 100 g Sahne
- 3 Eier (Größe M)
- 80 g Parmesan (am Stück)
- 1 Bund Basilikum
- Salz
- Pfeffer

ZUBEREITUNG

Den Blätterteig ausrollen und passend für die Quiche Förmchen in jeweils 4 Teile schneiden. Die Förmchen mit Teig auskleiden, die Böden mit einer Gabel jeweils mehrere Male einstechen und in den Kühlschrank geben.

Die Tomaten waschen und abtropfen lassen. Den Backofen auf 200 °C (Ober-/Unterhitze) vorheizen.

Den Mascarpone zusammen mit der Sahne und den Eiern in eine Schüssel geben und verrühren. Den Parmesan reiben, Basilikum waschen, trocken schütteln, fein hacken und beides zusammen mit etwas Salz und Pfeffer zur Mascarpone-Creme geben.

Die Förmchen aus dem Kühlschrank nehmen, die Tomaten auf die Förmchen aufteilen und anschließend die Mascarpone-Creme bis kurz unter den Rand angießen.

Auf unterster Schiene für ca. 18–23 Minuten backen. Der Rand sollte goldgelb und die Creme gestockt sein. Aus dem Ofen nehmen, einige Minuten abkühlen lassen und dann servieren.

Sausage Rolls
MIT SALSICCIA & DIP

FÜR 16–20 STÜCK

ZUTATEN

- 1 Rolle Blätterteig (Fertigprodukt)
- 600 g Salsiccia (italienische Bratwurst)
- 1 Ei (Größe M)

FÜR DEN HONIG-SENF-DIP

- 125 g Crème fraîche
- 75 g Doppelrahmfrischkäse
- 40 g Blütenhonig
- 40 g Dijon-Senf
- Salz
- Pfeffer
- 1 Spritzer Zitronensaft

ZUBEREITUNG

Den Backofen auf 180 °C (Ober-/Unterhitze) vorheizen.

Den Blätterteig ausrollen und längs halbieren, sodass man 2 Streifen à 40 x 12 cm hat. Das Wurstbrät der Salsiccia aus dem Darm holen und in eine Schüssel geben. Von Hand kurz vermengen. Nun das Ei in eine Schüssel geben und mithilfe einer Gabel gründlich verquirlen.

Das Wurstbrät halbieren und daraus zwei Stränge von 40 cm Länge formen. Diese Stränge mittig auf die Teigstreifen setzen. Die Teigränder ringsherum gründlich mit Ei einstreichen und über die Füllung schlagen. Die Rollen nun drehen, damit die Teignaht nach unten zeigt. Mit einem scharfen Messer Stücke von ca. 5 cm Länge abschneiden und diese auf ein mit Backpapier ausgelegtes Backblech setzen.

Mit Ei bestreichen und auf mittlerer Schiene 20–25 Minuten backen. Die Sausage Rolls sollten goldgelb und knusprig sein.

Für den Dip die Crème fraîche mit Frischkäse, Honig und Senf in eine Schüssel geben und verrühren. Mit Salz, Pfeffer und Zitronensaft abschmecken und bis zum Servieren kaltstellen.

Cannoncini

MIT VANILLECREME

FÜR 18–20 STÜCK

ZUTATEN

- 1 Rolle Blätterteig (Fertigprodukt)
- 2 EL Butter
- 1 Eigelb (Größe M)
- 25 g Puderzucker
- 30 ml Milch

FÜR DIE VANILLECREME

- 3 Eigelb (Größe M)
- 50 g Zucker
- 20 g Mehl (Type 405)
- 1 Pck. Vanillezucker
- 100 ml Milch
- 200 g Sahne
- 1 Pck. Sahnesteif

AUSSERDEM

- Schillerlockenformen

ZUBEREITUNG

Den Blätterteig ausrollen und in Streifen von 24 x 2 cm schneiden, Backofen auf 220 °C (Ober-/Unterhitze) vorheizen. Formen mit Butter einfetten und Blätterteigstreifen eng um die Formen wickeln.

Eigelb mit Puderzucker und Milch in eine Schüssel geben und verquirlen. Den aufgewickelten Teig mit der Eimischung bestreichen und anschließend für 8–10 Minuten auf einem Backblech backen. Nach dem Backen kurz abkühlen lassen, dann direkt von den Metallformen lösen.

Für die Creme die Eigelbe mit dem Zucker, dem Mehl und dem Vanillezucker mithilfe eines Handrührgeräts schaumig rühren. Die Milch auf dem Herd erwärmen und anschließend 3–4 EL der heißen Milch unter stetigem Rühren zur Eigelbmischung geben. Die Eigelbmischung dann zur heißen Milch geben und unter Rühren erhitzen (nicht kochen!), bis die Creme andickt. Durch ein Sieb passieren und zum Abkühlen mit Frischhaltefolie direkt auf der Oberfläche abdecken.

Sahne mit Sahnesteif aufschlagen. Die abgekühlte Creme nochmal gut durchrühren und anschließend die Sahne unterheben. Die Creme in einen Spritzbeutel mit Loch- oder Sterntülle geben und die Cannoncini befüllen. Sofort servieren.

Tipp

Die Cannoncini können bereits 1–2 Tage im Voraus zubereitet werden. Anschließend in einem luftdichten Gefäß aufbewahren und erst kurz vor dem Servieren füllen.

Flammkuchen MIT SPECK

FÜR 16 STÜCK

ZUTATEN

- 2 Rollen Blätterteig (Fertigprodukt)
- 150 g Crème fraîche
- 250 g Schmand
- Salz
- Pfeffer
- 2 Zwiebeln
- 200 g geräucherter Bauchspeck

ZUBEREITUNG

Den Blätterteig in jeweils 8 gleich große Stücke schneiden und auf ein mit Backpapier ausgelegtes Backblech legen. Den Backofen auf 200 °C (Ober-/Unterhitze) vorheizen.

Die Crème fraîche mit dem Schmand in eine Schüssel geben und glatt rühren. Mit Salz und Pfeffer abschmecken und auf die Flammkuchen verteilen, dabei jeweils einen Rand von 1–2 cm frei lassen.

Die Zwiebeln schälen, halbieren und in feine Halbringe schneiden. Den Speck fein würfeln. Die Flammkuchen mit Speck und Zwiebeln belegen.

Auf unterster Schiene ca. 20–25 Minuten backen, bis der Rand der Flammkuchen goldgelb ist.

Quiche LORRAINE

FÜR 8 QUICHES À 12 CM Ø

ZUTATEN

- 2 Rollen Blätterteig (Fertigprodukt)
- 200 g Sahne
- 200 ml Milch
- 4 Eier (Größe M)
- Salz
- Pfeffer
- 125 g Gruyère (am Stück)
- 200 g geräucherter Bauchspeck

ZUBEREITUNG

Den Blätterteig ausrollen und passend für die Quiche-Förmchen in jeweils 4 Teile schneiden. Die Förmchen mit Teig auskleiden, die Böden mit einer Gabel jeweils mehrere Male einstechen und in den Kühlschrank stellen.

Den Backofen auf 200 °C (Ober-/Unterhitze) vorheizen.

Die Sahne zusammen mit der Milch und den Eiern in eine Schüssel geben und gründlich verrühren. Mit Salz und Pfeffer abschmecken. Den Käse fein reiben, den Bauchspeck in kleine Würfel schneiden.

Die Quicheförmchen aus dem Kühlschrank nehmen, den Käse und den Speck zwischen den Förmchen aufteilen. Nun mit der Milch-Sahne-Mischung angießen und auf unterster Stufe für ca. 20–25 Minuten backen. Der Rand der Quiches sollte goldgelb sein und die Masse gestockt.

Camembert-Sonne
MIT APRIKOSENMARMELADE

FÜR 1 GROSSE SONNE

ZUTATEN

FÜR DIE APRIKOSEN-MARMELADE
- 500 g Aprikosen (ohne Stein)
- 50 g Zucker
- 2 EL Zitronensaft
- 1–2 Chilischoten
- 200 g Gelierzucker (1:2)

FÜR DIE SONNE
- 1 Ei (Größe M)
- 2 Rollen Blätterteig (Fertigprodukt)
- 1 Ofencamembert (à 180 g)

ZUBEREITUNG

Aprikosen würfeln und mit Zucker und Zitronensaft in eine Schüssel geben. Abgedeckt mind. 30 Minuten stehen lassen.

Chilischoten putzen, fein würfeln und zusammen mit dem Gelierzucker unterrühren. Alles in einen Topf geben und zum Kochen bringen. Für 5–8 Minuten sprudelnd kochen lassen, dann eine Gelierprobe machen. Noch heiß in sterilisierte Gläser abfüllen und abkühlen lassen.

Backofen auf 200 °C (Ober-/Unterhitze) vorheizen. Ei in eine Schüssel geben und verquirlen.

Für die Camembert-Sonne den Blätterteig ausrollen und jeweils einen Kreis von 24 cm (Ø) ausschneiden. Den ersten Teigkreis auf ein Backblech geben, Marmelade darauf verteilen, den zweiten Teig daraufsetzen und andrücken.

Käse in die Mitte des Kreises setzen und den Blätterteig rundherum in 16–20 Stücke schneiden. Jedes Stück spiralförmig verdrehen, mit Ei bestreichen. Die Sonne samt Käse auf mittlerer Schiene 18–23 Minuten backen. Herausnehmen, Käse öffnen und mit Marmelade genießen.

Tipp

Wer die Marmelade lieber weniger stückig mag, sollte sie vor dem Kochen pürieren und erst anschließend die Chili dazugeben.

Cracker

MIT ZIEGENFRISCHKÄSE

FÜR 15 CRACKER

ZUTATEN

- 1 Rolle Blätterteig (Fertigprodukt)
- 3–4 EL Milch
- 500 g Kirschtomaten
- 3 Knoblauchzehen
- 2 Zweige Rosmarin (alternativ Thymian oder Oregano)
- 200–300 ml Olivenöl
- Salz, Pfeffer
- 250 g Ziegenfrischkäse
- ½ TL Chiliflocken
- 1 TL getrockneter Oregano

ZUBEREITUNG

Backofen auf 200 °C (Ober-/Unterhitze) vorheizen. Blätterteig ausrollen, in 8 x 8 cm große Cracker schneiden und mit etwas Abstand zueinander auf ein mit Backpapier belegtes Backblech geben.

Cracker mit Milch bepinseln, auf mittlerer Schiene für ca. 6–8 Minuten backen. Dann mit Backpapier abdecken, Backblech darauflegen, um sie zu beschweren, und weitere 10–15 Minuten backen. Herausnehmen, abkühlen lassen.

Den Backofen auf 90 °C (Ober-/Unterhitze) vorheizen. Die Kirschtomaten waschen, halbieren und mit der Schnittfläche nach oben nebeneinander in eine kleine Auflaufform setzen. Knoblauch schälen, halbieren und zwischen die Tomaten stecken, Rosmarin waschen, grob hacken und auf die Tomaten geben.

So viel Olivenöl angießen, dass die Tomaten fast bedeckt sind. Auf mittlerer Schiene ca. 2 Stunden confieren, mit Salz und Pfeffer würzen. Frischkäse mit Chiliflocken, getrocknetem Oregano sowie Salz und Pfeffer abschmecken und auf die Cracker streichen. Die Tomaten darauf verteilen und sofort servieren.

Apfel-Tartes-Tatins
MIT CALVADOS-SIRUP

FÜR 4 TARTES À 12 CM Ø

ZUTATEN

- 1 Rolle Blätterteig (Fertigprodukt)
- 2 säuerliche Äpfel (z. B. Elstar, Cox Orange, Pink Lady)
- 2 EL Zitronensaft
- 80 g Butter in Stückchen + 1 EL zum Fetten der Förmchen
- 125 g Zucker
- Salz
- Schlagsahne (nach Belieben)

FÜR DEN CALVADOS-SIRUP

- 80 g Zucker
- Mark von 1 Vanilleschote
- 50 ml Calvados (alternativ Apfelsaft)

ZUBEREITUNG

Blätterteig ausrollen und Teig passend zu den Tarteförmchen ausschneiden. Äpfel schälen, vierteln, das Kerngehäuse entfernen und aus jedem Viertel drei Schnitze schneiden. Schnitze mit Zitronensaft in einer Schüssel vermengen und zur Seite stellen.

Den Backofen auf 200 °C (Ober-/Unterhitze) vorheizen und die Tarteförmchen gut mit Butter einfetten. 60 ml Wasser und den Zucker in einen Topf geben und bei mittlerer Hitze karamellisieren lassen. Sobald das Karamell goldgelb ist, Butter und 1 Prise Salz unterrühren.

Karamell auf die Förmchen aufteilen und mit den Apfelspalten belegen. Blätterteig aufsetzen, seitlich festdrücken und auf mittlerer Schiene ca. 20–25 Minuten backen. Tartes herausnehmen und für 5–8 Minuten abkühlen lassen, bevor man sie stürzt.

Für den Calvados-Sirup 150 ml Wasser mit Zucker und der Vanille in einen Topf geben und bei mittlerer Hitze so lange köcheln, bis der Sirup eingedickt ist. Schote entfernen und Calvados unterrühren.

Mit Schlagsahne und Sirup servieren.

Tipp

Den Sirup kann man auch schon einige Tage im Voraus zubereiten. Danach in eine Flasche füllen und verschließen.

Vol-au-Vents
MIT HEIDELBEERKOMPOTT

FÜR 10 VOL-AU-VENTS

ZUTATEN

- 1 Eigelb (Größe M)
- 2 Rollen Blätterteig (Fertigprodukt)

FÜR DIE CRÈME PATISSIÈRE

- 500 ml Milch
- 5 Eigelb (Größe M)
- 75 g Zucker
- 2 Pck. Vanillezucker
- 50 g Speisestärke

FÜR DAS HEIDELBEER-KOMPOTT

- 50 g Zucker
- 1 EL Speisestärke
- 50 ml Rotwein (alternativ Traubensaft)
- 1 EL Zitronensaft
- 300 g TK-Heidelbeeren
- 1 Pck. Vanillezucker
- 1 Prise gemahlener Zimt

ZUBEREITUNG

Den Backofen auf 220 °C (Ober-/Unterhitze) vorheizen. Das Eigelb in eine kleine Schüssel geben.

Den Blätterteig ausrollen und mit einem Ausstecher (8 cm Ø) 30 Kreise ausstechen. Aus 20 Kreisen Ringe machen, indem man mit einem kleineren Ausstecher (5–6 cm Ø) das Innere heraussticht.

Die Kreise auf ein Backblech legen, mit Eigelb bestreichen. Darauf jeweils einen Ring legen, andrücken, mit Eigelb bestreichen und einen zweiten Ring darauflegen. Den obersten Ring ebenfalls mit Eigelb bestreichen.

Auf mittlerer Schiene 8–10 Minuten backen, bis sie goldgelb sind.

Für die Crème patissière die Milch erhitzen. Die Eigelbe mit dem Zucker, dem Vanillezucker und der Speisestärke in eine Schüssel geben und mithilfe eines Handrührgeräts weiß-schaumig aufschlagen.

Die Milch in einem dünnen Strahl unter stetigem Rühren zur Eiermischung geben. Sobald die Masse glatt gerührt ist, alles zurück in den Topf geben und bei mittlerer Hitze unter Rühren einmal kurz aufkochen lassen.

Die Creme durch ein Sieb in eine Schüssel geben und direkt an der Oberfläche mit Frischhaltefolie abdecken, damit sich keine Haut bilden kann. Die Creme abkühlen lassen.

Für das Heidelbeerkompott alle Zutaten in einen Topf geben und verrühren. Bei mittlerer Hitze so lange köcheln, bis die Beeren heiß sind und das Kompott angedickt ist.

Die Crème patissiere in einen Spritzbeutel ohne Tülle geben, die Spitze abschneiden und die Vol-au-Vents mit der Creme befüllen. Etwas Heidelbeerkompott darübergeben und sofort servieren.

„Scotch Eggs" HAND PIES MIT AIOLI

FÜR 8 HAND PIES

ZUTATEN

- 8 Eier (Größe S)
- 2 Rollen Blätterteig (Fertigprodukt)
- 600 g grobes Wurstbrät (z. B. Salsiccia)
- 30 g Butter

FÜR DIE AIOLI

- 1 sehr frisches Eigelb (Größe M)
- 1 EL Zitronensaft
- 1 TL Dijon-Senf
- Salz
- 100 ml neutrales Pflanzenöl (z. B. Sonnenblumenöl)
- 2 Knoblauchzehen
- 1 EL Joghurt
- Pfeffer

ZUBEREITUNG

Die Eier 5 Minuten lang kochen. Anschließend aus dem Wasser nehmen und abschrecken. Abkühlen lassen, schälen.

Den Blätterteig ausrollen und in 8 gleich große Stücke schneiden.

Wurstbrät aus den Würstchen drücken und von Hand nochmals gut durchkneten. Nun pro Ei etwa 75 g Wurstbrät in die Hand nehmen, flach drücken, das Ei daraufgeben und das Wurstbrät um das Ei schließen. Eier nun eins nach dem anderen in den Blätterteig einschlagen. Den Blätterteig an beiden Enden zusammendrücken, überschüssigen Teig abschneiden.

Mit der Naht nach unten auf ein mit Backpapier ausgelegtes Backblech setzen und den Backofen auf 180°C (Ober-/Unterhitze) vorheizen. Butter zerlassen, Hand Pies damit einstreichen, anschließend für 30–35 Minuten (Mitte) backen.

Für die Aioli Eigelb in eine Schüssel geben und mit Zitronensaft, Senf und Salz verrühren. Nun in einem dünnen Strahl und unter stetigem Schlagen das Öl hineinlaufen lassen, bis es verbraucht und die Masse fest ist. Knoblauch schälen, fein reiben und mit dem Joghurt unterrühren. Salzen und pfeffern und mit den Hand Pies servieren.

Blätterteigherzen MIT HIMBEERCURD

FÜR 15–18 HERZEN

ZUTATEN

- 1 Rolle Blätterteig (Fertigprodukt)
- 1 Eigelb (Größe M)

FÜR DEN HIMBEERCURD

- 250 g frische Himbeeren
- 85 g Zucker
- ½ EL Speisestärke
- 1 Ei (Größe M)
- 2 Eigelb (Größe M)
- 2 EL Zitronensaft
- 50 g Butter

ZUBEREITUNG

Den Backofen auf 220 °C (Ober-/Unterhitze) vorheizen. Ein mit Backpapier belegtes Backblech parat stellen.

Den Blätterteig ausrollen und mit einem Herzausstecher (5–7 cm Ø) insgesamt 30–36 Herzen ausstechen. Die Hälfte der Herzen auf das Backblech legen und mit Eigelb bestreichen.

Aus der anderen Hälfte der Herzen ein kleineres Herz ausstechen, sodass ein Rand von etwa 1 cm übrig bleibt. Diesen Rand auf die ganzen Herzen legen, leicht andrücken und mit etwas Eigelb bestreichen. Auf mittlerer Schiene 6–8 Minuten backen, bis sie goldgelb sind. Aus dem Ofen nehmen und abkühlen lassen.

Die Himbeeren pürieren und durch ein Sieb passieren. Das Himbeerpüree zusammen mit Zucker, Stärke, Ei, Eigelben und Zitronensaft verrühren und über einem Wasserbad so lange mit einem Rührbesen aufschlagen, bis die Masse eindickt. Das dauert 10–15 Minuten.

Sobald die Masse angedickt ist, die Butter dazugeben, schmelzen lassen und die Schüssel vom Wasserbad nehmen. Mithilfe eines Handrührgeräts 1 Minute lang aufschlagen. Himbeercurd in Gläser abfüllen und abkühlen lassen.

Die gebackenen Herzen zur Hand nehmen, den abgekühlte Himbeercurd gut durchrühren, die Herzen damit füllen und sofort servieren.

Tipp

Der Himbeercurd kann bis zu 1 Woche im Voraus gemacht werden und schmeckt auch wunderbar auf Brot.

Spinat-Feta-Pastete
MIT GRIECHISCHEM SALAT

FÜR EINE FORM (30 X 20 CM)

ZUTATEN

FÜR DIE PASTETE

- 750 g TK-Spinat
- 1 Zwiebel
- 2 Knoblauchzehen
- 5 Eier (Größe M)
- 275 g Feta
- Salz
- Pfeffer
- Chiliflocken (optional)
- 2 Rollen Blätterteig (Fertigprodukt)

FÜR DEN GRIECHISCHEN SALAT

- 1 Knoblauchzehe
- 75 ml Olivenöl
- 2 EL Zitronensaft
- Salz
- Pfeffer
- 1 rote Paprika
- 1 gelbe Paprika
- 2 Zwiebeln
- 1 Salatgurke
- 3 Tomaten
- 150 g Feta
- 100 g grüne oder schwarze Oliven

ZUBEREITUNG

Für die Pastete den Spinat auftauen lassen. Danach mit den Händen fest ausdrücken, bis keine Flüssigkeit mehr herauskommt.

Die Zwiebel schälen, fein würfeln und den Knoblauch schälen und fein hacken. 4 Eier in eine Schüssel geben und mithilfe einer Gabel gründlich verquirlen. Den Spinat zusammen mit Zwiebel und Knoblauch zu den Eiern geben. Den Feta von Hand grob zerkrümeln und ebenfalls in die Schüssel geben. Alles vorsichtig vermengen. Mit Salz, Pfeffer und Chili abschmecken.

Den Backofen auf 200 °C (Ober-/Unterhitze) vorheizen. Den Blätterteig aus dem Kühlschrank holen und ausrollen. Die Form mit einer Rolle Blätterteig auskleiden und dabei einen kleinen Rand hochziehen. Nun die Füllung hineingeben und glatt streichen. Den zweiten Blätterteig daraufgeben und mit dem unteren Teig verbinden. Das übrige Ei in eine Schüssel geben und mithilfe einer Gabel verquirlen. Den Deckel damit einstreichen.

Die Pastete für 28–33 Minuten auf unterster Stufe backen. Sollte der Teig zu dunkel werden, mit Alufolie abdecken. Nach dem Backen einige Minuten abkühlen lassen, dann aus der Form lösen und in Stücke schneiden.

Währenddessen für den griechischen Salat den Knoblauch schälen, sehr fein hacken und zusammen mit dem Olivenöl, dem Zitronensaft sowie etwas Salz und Pfeffer in ein Schraubglas geben, verschließen und kräftig schütteln. Abschmecken und zur Seite stellen.

Die Paprikaschoten putzen, waschen und in Streifen schneiden. Die Zwiebeln schälen und in feine Ringe schneiden. Die Gurke ebenfalls schälen, vierteln und in Stücke schneiden. Tomaten waschen, halbieren, den Strunk entfernen und in Schnitze teilen. Den Feta würfeln.

Das Gemüse nun zusammen mit den Oliven und dem Feta in eine Schüssel geben und vermengen. Das Dressing darübergeben und mit der Pastete servieren.

Halloumi-Päckchen MIT OLIVEN UND AUFGESCHLAGENEM FETA

FÜR 6 PÄCKCHEN

ZUTATEN

- 1 Rolle Blätterteig (Fertigprodukt)
- 600 g Halloumi
- 100 g grüne Oliven
- 1 Bund Petersilie
- Abrieb von 1 Bio-Zitrone
- 1 EL Olivenöl
- Salz
- Pfeffer
- 1 Ei (Größe M)

FÜR DEN AUFGESCHLAGENEN FETA

- 200 g Feta
- 175 g Frischkäse
- Abrieb von 1 Bio-Zitrone
- Salz
- Pfeffer
- 2 EL Olivenöl
- Chiliflocken (optional)

ZUBEREITUNG

Den Blätterteig ausrollen und in 6 gleich große Stücke schneiden. Den Halloumi trocken tupfen und in 6 etwa gleich große Portionen schneiden.

Den Backofen auf 200 °C (Ober-/Unterhitze) vorheizen, ein mit Backpapier ausgelegtes Backblech parat stellen.

Die Oliven zusammen mit der gewaschenen Petersilie fein hacken, den Zitronenabrieb sowie das Olivenöl untermischen. Mit Salz und Pfeffer abschmecken. Je einen Löffel der Olivenmischung auf ein Stück Blätterteig geben und verteilen. Dabei einen Rand lassen. Eine Portion Halloumi daraufgeben.

Den Blätterteig über den Halloumi schlagen und verschließen, die Enden mit einer Gabel festdrücken. Die Päckchen mit der Naht nach unten auf das Backpapier setzen. Das Ei in eine Schüssel geben und mit einer Gabel gründlich verquirlen. Die Päckchen damit bestreichen und anschließend auf mittlerer Schiene 20–25 Minuten backen.

In der Zwischenzeit den Feta von Hand zerkrümeln und mit dem Frischkäse, dem Abrieb der Zitrone sowie etwas Salz und Pfeffer in einen Standmixer geben. Die Creme bei mittlerer Stufe etwa 3–4 Minuten mixen, bis die Creme homogen und geschmeidig ist. Nochmals mit Salz und Pfeffer abschmecken, in eine Schüssel geben und mit etwas Olivenöl und Chiliflocken garnieren.

Die Halloumi-Päckchen heiß oder kalt mit dem aufgeschlagenen Feta servieren.

Blätterteigwaffeln

MIT JOGHURT & NÜSSEN

FÜR 2–4 WAFFELN

ZUTATEN

- 1 Rolle Blätterteig (Fertigprodukt)
- 150 g Walnusskerne
- 100 g Honig
- 1 EL Butter
- 1 Pck. Vanillezucker
- gemahlener Zimt
- 250 g griechischer Joghurt (10 % Fett)

ZUBEREITUNG

Das Waffeleisen einige Minuten auf mittlerer Hitze vorheizen.

Den Blätterteig ausrollen und auf die Größe des jeweiligen Waffeleisens zurechtschneiden. Den Teig nun ins Waffeleisen legen und 4–6 Minuten backen. Die Waffeln sollten goldgelb und knusprig sein. Aus dem Eisen nehmen und etwas abkühlen lassen.

In der Zwischenzeit die Walnusskerne in einer Pfanne ohne Fett rösten. Den Honig zusammen mit Butter, Vanillezucker und 1 Prise Zimt in einen Topf geben und erwärmen. Die Walnüsse unter den Honig heben.

Die Waffeln mit einem dicken Klecks Joghurt und reichlich Nüssen anrichten und servieren.

Pasteis DE NATA

FÜR 12 STÜCK

ZUTATEN

- » 1 Rolle Blätterteig (Fertigprodukt)
- » 400 ml Milch
- » 100 g Sahne
- » 150 g Zucker
- » 1 Stück Schale von 1 Bio-Orange
- » 1 Zimtstange
- » 20 g Speisestärke
- » 6 Eigelb (Größe M)
- » Salz
- » 1 EL Butter
- » 2 EL Puderzucker
- » gemahlener Zimt

ZUBEREITUNG

Den Blätterteig ausrollen und in 2 Teile à 20 x 12 cm teilen. Die beiden Teigteile aufeinanderlegen und etwas fest drücken. Den Teig nun von der kurzen Seite her eng aufrollen. Die Teigrolle in 12 gleichmäßige Scheiben schneiden. Die Teigstücke mit der Schnittfläche (Spirale) nach oben auf ein Backpapier legen und mit dem Handballen platt drücken. Das Muffinblech gründlich fetten und jede Mulde mit Teig auskleiden. Dabei einen Rand hochziehen. Das Blech in den Kühlschrank geben.

In der Zwischenzweit die Milch und die Sahne zusammen mit dem Zucker, der Orangenschale und der Zimtstange in einen Topf geben und erhitzen. Vom Herd nehmen und abgedeckt für 20 Minuten ziehen lassen.

Die Zimtstange und die Orangenschale entfernen. Die Speisestärke mit den Eigelben und 1 Prise Salz glatt rühren. Die Milchmischung in einem dünnen Strahl zu den Eigelben geben. Die Mischung auf den Herd geben und bei mittlerer Hitze einmal aufkochen lassen. Sobald die Masse deutlich angedickt ist, die Butter unterrühren.

Die Masse durch ein Sieb in eine Schüssel geben und einige Minuten abkühlen lassen. Den Backofen auf 200 °C (Ober-/Unterhitze) vorheizen.

Die Creme nun in die Muffinförmchen geben und diese zu etwa zu ¾ füllen. Die Pasteis de Nata auf mittlerer Schiene etwa 25–30 Minuten backen. Die Creme sollte ein paar dunkle Flecken haben und der Blätterteig goldgelb sein.

Aus dem Ofen nehmen, kurz abkühlen lassen und anschließend aus der Form lösen. Auf einem Kuchengitter vollständig abkühlen lassen. Vor dem Servieren mit etwas Puderzucker und 1 Prise Zimt bestäuben.

Räucherlachs-Palmiers MIT MEERRETTICH

FÜR 20 PALMIERS

ZUTATEN

- 1 Rolle Blätterteig (Fertigprodukt)
- 2 EL Sahnemeerrettich (aus dem Glas)
- Abrieb von 1 Bio-Zitrone
- 300 g Räucherlachs
- 1 Ei (Größe M)
- 50 g Mohnsamen

FÜR DEN DIP

- 200 g Schmand
- 75 g Sahnemeerrettich (aus dem Glas)
- Salz, Pfeffer

ZUBEREITUNG

Den Backofen auf 200 °C (Ober-/Unterhitze) vorheizen.

Den Blätterteig ausrollen und mit Sahnemeerrettich bestreichen, den Abrieb der Zitrone darüberstreuen. Anschließend den Räucherlachs auf den Blätterteig geben und dabei darauf achten, dass er sich nicht überlappt.

Den Blätterteig nun von der langen Seite her eng bis zur Mitte aufrollen. Von der gegenüberliegenden Seite ebenfalls eng bis zur Mitte aufrollen.

Das Ei in eine Schüssel geben und mithilfe einer Gabel gründlich verquirlen. Den Teig mit Ei einstreichen, den Mohn gleichmäßig darübergeben. Nun mit einem scharfen Messer in 2 cm dicke Scheiben schneiden. Diese mit der Schnittfläche nach oben auf ein mit Backpapier ausgelegtes Backblech geben und auf mittlerer Schiene 15–20 Minuten backen.

Für den Dip den Schmand in eine Schüssel geben und glatt rühren. Nun den Sahnemeerrettich hinzugeben und mit Salz und Pfeffer abschmecken.

Tipp

Wer möchte kann auch den Dip mit etwas Zitronenabrieb abschmecken und mit gehackten Kapern garnieren.

Amerika

Bacon-and-Egg-MUFFINS

FÜR 16 STÜCK

ZUTATEN

- » 2 Rollen Blätterteig (Fertigprodukt)
- » 300 g geräucherter Bauchspeck (am Stück)
- » 1 Bund Schnittlauch
- » 200 g saure Sahne
- » 125 g Crème fraîche
- » 17 Eier (Größe S)
- » Salz, Pfeffer

ZUBEREITUNG

Den Backofen auf 200 °C (Ober-/Unterhitze) vorheizen und ein Muffinblech gründlich fetten.

Den Blätterteig ausrollen und in jeweils 8 Stücke à 10 x 10 cm schneiden. Damit die Mulden des Muffinblechs auskleiden. In den Kühlschrank geben.

Den Bauchspeck in Würfel oder Streifen schneiden und in einer Pfanne ohne Fett für 3–4 Minuten auslassen. Dabei darauf achten, dass der Speck nicht zu dunkel wird. Auf einen Teller mit Küchenpapier geben und abkühlen lassen. Den Schnittlauch waschen und in feine Röllchen schneiden.

Die saure Sahne zusammen mit der Crème fraîche und einem Ei in eine Schüssel geben und gründlich verrühren. Gut die Hälfte des Schnittlauchs unterrühren und mit Salz und Pfeffer abschmecken.

Das Muffinblech aus dem Kühlschrank nehmen, einen Löffel Bauchspeck in jede Vertiefung geben, die Saure-Sahne-Mischung auf die Mulden aufteilen und jeweils ein Ei darüber aufschlagen.

Den restlichen Speck daraufgeben und anschließend auf unterster Schiene 20–25 Minuten backen. Die fertigen Bacon-and-Egg-Muffins mit dem verbliebenen Schnittlauch bestreuen und servieren.

„Mac and Cheese" HAND PIES

FÜR 8 STÜCK

ZUTATEN

- 115 g kurze Makkaroni
- Salz
- 50 g Cheddar (am Stück)
- 90 g Bacon (in Scheiben)
- 15 g kalte Butter
- 15 g Mehl (Type 405)
- 145 ml Milch
- Pfeffer
- 2 Rollen Blätterteig (Fertigprodukt)
- 1 Ei (Größe M)

ZUBEREITUNG

Nudeln in reichlich Salzwasser 2 Minuten kürzer kochen, als auf der Packung angegeben. Abgießen und zur Seite stellen.

Käse reiben und Speck in Streifen schneiden. Den Bacon ohne Fett in einer Pfanne 4–5 Minuten lang auslassen, anschließend auf Küchenpapier geben und abkühlen lassen.

Butter in einen Topf geben und bei mittlerer Hitze schmelzen. Sobald die Butter aufschäumt, das Mehl hinzugeben und unter Rühren für 1 Minute köcheln lassen. Milch in einem dünnen Strahl hinzugeben und dabei stets rühren. Die Mischung so lange köcheln lassen, bis sie deutlich eindickt. Die Nudeln und ⅔ des Käses hinzugeben, den Bacon unterrühren und mit Salz und Pfeffer abschmecken.

Den Backofen auf 200 °C (Ober-/Unterhitze) vorheizen und zwei Backbleche mit Backpapier auslegen. Blätterteig ausrollen und aus jedem Teig 8 Kreise à 10 cm ausstechen. Das Ei in eine Schüssel geben und verquirlen. Auf jeweils einen Teigkreis 2 EL der Füllung geben, Cheddar darüberstreuen und den Rand mit Ei bestreichen. Einen zweiten Teigkreis darüberlegen und die Ränder mit einer Gabel zusammendrücken.

Die Pies auf die Backbleche legen, mit Ei bepinseln und auf mittlerer Schiene 20–25 Minuten backen. Die Hand Pies am besten warm servieren.

Monte-Cristo-
SANDWICH

FÜR 6 STÜCK

ZUTATEN

- 2 Rollen Blätterteig (Fertigprodukt)
- 2 EL Dijon-Senf
- 1 TL Waldhonig
- 12 Scheiben Kochschinken, dünn geschnitten
- 12 Scheiben Käse nach Wahl (z. B. Emmentaler oder Gouda)
- 1 Ei (Größe M)
- Ahornsirup oder Himbeerkonfitüre

ZUBEREITUNG

Den Backofen auf 200 °C (Ober-/Unterhitze) vorheizen und ein mit Backpapier ausgelegtes Backblech bereitstellen.

Den Blätterteig ausrollen und in jeweils 3 Streifen à 24 x 13 cm schneiden.

Den Senf zusammen mit dem Honig in eine Schüssel geben und verrühren. Jedes Teigstück damit bestreichen, die untere Hälfte mit Schinken und Käse belegen. Dabei einen Rand von 1 cm lassen. Die obere Teighälfte darüberklappen und die Ränder mit einer Gabel zusammendrücken.

Das Ei in eine Schüssel geben und mithilfe einer Gabel gründlich verquirlen. Die Monte-Cristo-Sandwiches damit bestreichen. Auf unterster Schiene 25–30 Minuten backen. Sie sollten goldgelb sein.

Aus dem Backofen nehmen, kurz etwas abkühlen lassen, halbieren und am besten noch warm mit Ahornsirup oder Konfitüre servieren.

Chili Cheese BITES

FÜR 24 STÜCK

ZUTATEN

- 1 Rolle Blätterteig (Fertigprodukt)
- 1 Ei (Größe M)
- 250 g Cheddar (am Stück)
- 1–2 EL Jalapeños (aus dem Glas)
- Salz
- Pfeffer

ZUBEREITUNG

Den Backofen auf 200 °C (Ober-/Unterhitze) vorheizen.

Den Blätterteig ausrollen und in 24 Stücke à ca. 6 x 6 cm schneiden. Das Ei in eine Schüssel geben und mithilfe einer Gabel gründlich verquirlen. Die Teigstücke mit verquirltem Ei bestreichen.

Den Käse sehr fein reiben, die Jalapeños in kleine Würfel schneiden und beides gemeinsam in eine Schüssel geben. Von Hand vermengen, mit Salz und Pfeffer abschmecken.

Je 1 TL der Käsemischung diagonal auf ein Teigstück geben und die gegenüberliegenden Ecken über die Füllung schlagen und festdrücken.

Die Chili Cheese Bites mit Ei bestreichen und mit dem verbliebenen Käse bestreuen.

Auf mittlerer Schiene ca. 12–15 Minuten backen. Der Käse sollte geschmolzen und der Blätterteig knusprig, aber nicht zu golden sein.

Warm oder kalt servieren.

Pulled-Pork-Ecken MIT BBQ-SAUCE

FÜR 16 STÜCK

ZUTATEN

FÜR DAS PULLED PORK

- 2 TL edelsüßes Paprikapulver
- ½ TL Knoblauchpulver
- ½ TL gemahlene Senfkörner
- ½ TL gemahlene, getrocknete Chilischoten
- 1 TL brauner Zucker
- Salz
- 1,2 kg Schweinenacken (am Stück)
- 3 EL Ahornsirup
- 250 ml Apfelsaft
- 50 ml Apfelessig

FÜR DIE BBQ-SAUCE

- 1 Zwiebel
- 2 Knoblauchzehen
- 300 ml Cola
- 1 EL Butterschmalz
- 50 ml Worcestersauce
- 100 g brauner Zucker
- 500 g Tomatenketchup
- 2 TL Pimentón de la Vera, scharf (geräuchertes Paprikapulver)
- 1 TL mittelscharfer Senf
- Salz
- Pfeffer
- 1 Prise Rauchsalz (optional)

AUSSERDEM

- 2 Rollen Blätterteig (Fertigprodukt)
- 250 g Cheddar (am Stück)
- 2 Eier (Größe M)

ZUBEREITUNG

Für das Pulled Pork die Gewürze mit Zucker und 1 TL Salz in ein kleines Schraubglas geben und schütteln. Den Schweinenacken zusammen mit den Gewürzen und dem Ahornsirup in eine Schüssel geben. Dabei die Gewürze mit den Händen ins Fleisch massieren. Das Fleisch abdecken und für einige Stunden, bestenfalls über Nacht, in den Kühlschrank geben.

Den Backofen nun auf 120 °C (Ober-/Unterhitze) vorheizen, den Apfelsaft mit dem Essig vermischen und in einen Bräter gießen. Das Fleisch hinzugeben und abgedeckt auf mittlerer Schiene ca. 3–4 Stunden garen.

Den Deckel abnehmen und weitere 60–90 Minuten garen. Zwischendurch mit zwei Gabeln testen, wie leicht sich das Fleisch auseinanderzupfen lässt. Geht es einfach, ist das Fleisch fertig. Andernfalls noch eine ½ Stunde garen lassen. Das fertige Fleisch aus dem Ofen nehmen und in Alufolie wickeln. Für mind. 30 Minuten ruhen lassen. Anschließend mit zwei Gabeln in Stücke rupfen.

Für die BBQ-Sauce die Zwiebel und den Knoblauch schälen und beides fein würfeln. Die Cola in einen Topf geben und bei mittlerer Hitze so lange einreduzieren, bis noch etwa 75–100 ml übrig sind.

Das Butterschmalz in einem Topf erhitzen, die Zwiebel- und Knoblauchwürfel bei mittlerer Stufe für 3–4 Minuten anschwitzen. Nun die Worcestersauce, den braunen Zucker und die Cola hinzugeben und für 5 Minuten bei mittlerer Stufe kochen lassen.

Die restlichen Zutaten hinzufügen und mit einem Stabmixer bearbeiten, bis eine feine Sauce ohne Stückchen entsteht. Nun auf mittlerer Hitze 10–15 Minuten kochen lassen, bis die Sauce eingedickt ist. Mit Salz und Pfeffer abschmecken. Optional und für einen etwas rauchigeren Geschmack mit Rauchsalz würzen. In Flaschen abfüllen und abkühlen lassen.

Den Backofen auf 200 °C (Ober-/Unterhitze) vorheizen, zwei Backbleche mit Backpapier auslegen und zur Seite stellen.

Den Blätterteig ausrollen und in jeweils 8 gleich große Stücke schneiden. Das Pulled Pork zusammen mit 150–200 g der BBQ-Sauce vermengen, den Käse reiben und die Eier in eine kleine Schüssel geben und mithilfe einer Gabel verquirlen.

Den Blätterteig mit etwas Ei bepinseln und auf jedes Stück mittig etwas Käse und 2 EL Pulled Pork geben. Zwei diagonal gegenüberliegende Ecken über das Fleisch legen und etwas festdrücken. Auf die vorbereiteten Backbleche legen, mit Ei bepinseln und auf mittlerer Schiene 20–25 Minuten backen. Der Teig sollte goldgelb sein.

Mit zusätzlicher BBQ-Sauce servieren und warm oder kalt genießen.

Brownie-Muffins MIT BUTTERSCOTCH

FÜR 16 STÜCK

ZUTATEN

- 2 Rollen Blätterteig (Fertigprodukt)
- 210 g Butter + 1 EL für die Form
- 300 g Zartbitter-kuvertüre
- 3 Eier (Größe M)
- 225 g Zucker
- 1 Pck. Vanillezucker
- 150 g Mehl (Type 405)
- 1½ EL Kakaopulver (ungesüßt)
- Salz

FÜR DIE BUTTER-SCOTCH-SAUCE

- 65 g Butter
- 225 g brauner Zucker
- 200 g Sahne
- 1 Pck. Vanillezucker
- Salz

ZUBEREITUNG

Blätterteig ausrollen und jeweils in 8 Stücke à 10 x 10 cm schneiden. 2 Muffinbleche mit 1 EL Butter fetten, mit dem Blätterteig auskleiden. Dabei einen Rand hochziehen. In den Kühlschrank geben.

Die Kuvertüre hacken und anschließend mit der Butter in einem Topf bei schwacher Hitze schmelzen, abkühlen lassen. Den Backofen auf 200 °C (Ober-/Unterhitze) vorheizen.

In der Zwischenzeit Eier mit Zucker und Vanillezucker in eine Schüssel geben und mit einem Handrührgerät weißschaumig aufschlagen. Die Schokoladenmischung zu den Eiern geben, das Mehl zusammen mit dem Kakaopulver und 1 Prise Salz ebenfalls hinzugeben und alles vorsichtig unterrühren. Den Teig auf die Förmchen aufteilen und für 17–23 Minuten (Mitte) backen.

Tipp

Die Sauce schmeckt auch hervorragend zu Eis.

Für die Sauce die Butter zusammen mit dem braunen Zucker in einen Topf geben und bei schwacher Hitze erwärmen, bis die Butter geschmolzen ist. Dann die Sahne und den Vanillezucker hinzugeben und bei mittlerer Hitze für 4–6 Minuten köcheln lassen. Die Sauce sollte dickflüssig und sämig sein. Mit etwas Salz abschmecken und noch heiß in Flaschen abfüllen.

Die Brownie-Blätterteig-Muffins mit Butterscotch-Sauce servieren.

Cinnamon Roll CAKE POPS

FÜR CA. 30 STÜCK

ZUTATEN

- » 1 Ei (Größe M)
- » 80 g Zucker
- » 1 Pck. Vanillezucker
- » 1–2 TL gemahlener Zimt
- » 1 Rolle Blätterteig (Fertigprodukt)
- » 100 g Puderzucker
- » 1–2 EL Milch
- » ½ TL Vanilleextrakt

AUSSERDEM

- » 30 Cake-Pop-Stiele

ZUBEREITUNG

Den Backofen auf 200 °C (Ober-/Unterhitze) vorheizen. Ein mit Backpapier ausgelegtes Backblech bereitstellen.

Das Ei in eine Schüssel geben und mithilfe einer Gabel gründlich verquirlen. Den Zucker zusammen mit dem Vanillezucker und dem Zimt in eine kleine Schüssel geben und vermengen.

Nun den Blätterteig ausrollen und in zwei Stücke à 40 x 12 cm teilen. Beide Teigstreifen mit etwas verquirltem Ei bestreichen. Die Zucker-Zimt-Mischung gleichmäßig darüberstreuen, etwas andrücken und den Teig von der langen Seite her aufrollen.

Die beiden Rollen nun in ca. 30 Stücke à 2,5–3 cm schneiden und diese mit der Schnittseite nach oben auf das vorbereitete Backblech legen. Mit dem Handballen etwas platt drücken. Auf mittlerer Schiene 12–15 Minuten backen. Anschließend aus dem Ofen nehmen und etwas abkühlen lassen. Die Cake-Pop-Stiele in die Cinnamon Rolls stechen, solange diese noch warm sind. Dabei darauf achten, nicht durchzustechen.

Nun den Puderzucker mit der Milch und dem Vanilleextrakt verrühren, bis ein zähflüssiger Guss entstanden ist. Die Rolls auf Backpapier legen und den Guss mit einem Löffel darübergeben.

S'more Tartes MIT MARSHMALLOWS

FÜR 6 TARTES

ZUTATEN

- 1 Rolle Blätterteig (Fertigprodukt)
- 1 Ei (Größe M)
- 2 EL Zucker
- 6 EL Nuss-Nougat-Aufstrich
- 100 g Schokoladen-drops
- 70 g Marshmallows

ZUBEREITUNG

Den Backofen auf 200 °C (Ober-/Unterhitze) vorheizen, ein mit Backpapier belegtes Backblech bereitstellen.

Den Blätterteig ausrollen und in 6 gleich große Stücke schneiden. Die Ränder rundherum jeweils 1–2 cm nach innen schlagen, festdrücken und den Teig in der Mitte mit einer Gabel mehrmals einstechen.

Das Ei in eine Schüssel geben und mit einer Gabel gründlich verquirlen. Die Ränder mit Ei bestreichen und etwas Zucker darüberstreuen. Auf mittlerer Schiene 10–12 Minuten backen. Der Teig sollte goldgelb, aber nicht zu dunkel sein.

Aus dem Ofen nehmen, die eingestochene Fläche nach unten drücken und den Nuss-Nougat-Aufstrich darauf verteilen. Die Schokoladendrops auf dem Aufstrich verteilen, darauf die Marshmallows geben.

Den Backofen auf Grill-Funktion stellen, die Tartes auf dem Blech ins obere Drittel des Backofens einschieben. Die Marshmallows dort noch 1–2 Minuten bräunen, dabei sehr genau darauf achten, dass diese nicht verbrennen.

Die S'more Tartes noch warm servieren.

New Orleans BEIGNETS

FÜR 15 STÜCK

ZUTATEN

- 750 g Butterschmalz oder neutrales Pflanzenöl
- 2 Rollen Blätterteig (Fertigprodukt)
- 1 Eigelb (Größe M)
- 150 g Puderzucker
- gemahlene Vanilleschote

ZUBEREITUNG

Das Butterschmalz in einen Topf geben und auf 170–175 °C erhitzen. Die Temperatur bestenfalls mit einem Küchenthermometer kontrollieren.

Den Blätterteig ausrollen, in jeweils 15 Stücke à 8 x 8 cm schneiden. Die Hälfte der Teigstücke mit Eigelb bestreichen, die anderen Teigstücke drauflegen und leicht festdrücken.

Nun immer drei bis vier Teigstücke in das heiße Fett geben und auf jeder Seite 1–2 Minuten ausbacken. Sobald der Teig goldgelb und knusprig ist, mithilfe einer Schöpfkelle aus dem Fett nehmen und auf Küchenkrepp abtropfen lassen.

Den Puderzucker mit 1 Prise gemahlenen Vanilleschote vermischen und großzügig auf die Beignets sieben. Die Beignets am besten warm servieren!

Donuts mit OREO®-KRÜMELN

FÜR 8 STÜCK

ZUTATEN

- 750 g Butterschmalz oder neutrales Pflanzenöl
- 1 Eigelb (Größe M)
- 2 Rollen Blätterteig (Fertigprodukt)
- 200 g Puderzucker
- 4–5 EL Milch
- 150 g Oreo®-Kekse

ZUBEREITUNG

Das Butterschmalz in einen Topf geben und auf 170–175 °C aufheizen. Die Temperatur bestenfalls mit einem Küchenthermometer kontrollieren.

Das Eigelb in eine Schüssel geben. Den Blätterteig ausrollen, aus jedem Teig 8 Kreise à 10 cm Ø ausstechen. Die Hälfte der Kreise mit Eigelb bestreichen. Darauf nun jeweils ein weiteres Teigstück geben und leicht andrücken.

Mit einem Ausstecher (2–3 cm Ø) mittig jeweils ein Loch ausstechen.

Immer 2–3 Donuts gleichzeitig ins heiße Fett geben und auf jeder Seite 2–3 Minuten ausbacken, bis sie goldgelb sind. Auf Küchenkrepp abtropfen lassen.

Den Puderzucker mit der Milch zu einem Guss verrühren. Die Donuts damit bestreichen, die Oreo®-Kekse von Hand zerkrümeln und auf den noch feuchten Guss streuen. Den Guss fest werden lassen und die Donuts servieren.

American Cheesecakes MIT BEEREN

ERGIBT 6–8 CHEESECAKES

ZUTATEN

- 1 Rolle Blätterteig (Fertigprodukt)
- 1 Ei (Größe M)
- 200 g Doppelrahmfrischkäse
- 200 g Mascarpone
- 65 g Puderzucker
- 1 Pck Vanillezucker
- 1 EL Zitronensaft
- Abrieb von ½ Bio-Zitrone
- 75 g Sahne
- 300 g frische Beeren (z. B. Himbeeren, Brombeeren, Heidelbeeren, Johannisbeeren)

ZUBEREITUNG

Den Backofen auf 180 °C (Ober-/Unterhitze) vorheizen. Den Blätterteig ausrollen und in 6–8 gleichmäßige Teile schneiden. Diese auf ein mit Backpapier ausgelegtes Backblech geben und mit einem Messer jeweils rundherum einen Rand von ca. 2 cm einritzen. Dabei darauf achten, den Teig nicht durchzuschneiden.

Mittig einige Male mit einer Gabel einstechen. Ei in eine Schüssel geben, verrühren und anschließend den Rand damit bestreichen. Auf mittlerer Schiene ca. 18–23 Minuten backen. Aus dem Ofen nehmen und vollständig abkühlen lassen.

Frischkäse mit Mascarpone, Puderzucker, Vanillezucker sowie Zitronensaft und -abrieb in eine Schüssel geben und kurz vermengen. Die Sahne in einer separaten Schüssel steif schlagen, unter die Frischkäsemasse heben. Bis zur weiteren Verwendung im Kühlschrank lagern.

Den zuvor markierten Rand der Teilchen nochmals mit einem Messer einschneiden und das Innere ein wenig nach unten drücken, um mehr Platz für die Creme zu haben. Diese in einen Spritzbeutel (große Lochtülle) geben und die Cheesecakes damit befüllen. Glatt streichen und mit frischen Beeren belegen.

Tipp

Der Blätterteig kann bereits 1–2 Tage im Voraus gebacken werden. Anschließend in einem luftdichten Behälter aufbewahren und erst kurz vor dem Servieren füllen.

Tipp

Die Frischkäsemasse nicht zu lange rühren, da sie sonst flüssig wird. Nur so lange vermengen, bis sich alle Zutaten verbunden haben.

Peanut Butter & JELLY POPTARTS

FÜR 8 STÜCK

ZUTATEN

- 200 g Johannisbeergelee
- 2 Rollen Blätterteig (Fertigprodukt)
- 175 g Erdnussbutter
- 1 Ei (Größe M)
- 40 g Zucker

FÜR DEN GUSS

- 1 EL Erdnussbutter
- 100 g Puderzucker
- 15 ml Milch
- 1 TL Vanilleextrakt
- 1 TL gefriergetrocknetes Johannisbeerpulver (optional)

ZUBEREITUNG

Johannisbeergelee glatt rühren und in einen kleinen Gefrierbeutel geben. Gleichmäßig flach drücken und dann für mindestens 2–4 Stunden einfrieren.

Den Blätterteig ausrollen und jeweils in 8 gleich große Stücke schneiden. Den Backofen auf 200 °C (Ober-/Unterhitze) vorheizen und ein mit Backpapier ausgelegtes Backblech bereitstellen.

Erdnussbutter cremig rühren und auf 8 Stücke aufteilen. Mittig daraufstreichen und dabei einen Rand lassen. Das gefrorene Gelee mit einem scharfen Messer in 8 Stücke schneiden. Je ein Stück auf die Erdnussbutter geben. Ein weiteres Stück Blätterteig daraufgeben, die Ränder mit einer Gabel verschließen.

Das Ei in eine Schüssel geben, verquirlen. Poptarts mit Ei bestreichen, Zucker daraufstreuen und auf unterster Schiene 20–25 Minuten backen.

Für den Guss die Erdnussbutter erwärmen, mit Puderzucker, Milch und Vanilleextrakt verrühren. Die warmen Poptarts damit bestreichen. Guss trocknen lassen. Mit etwas Johannisbeerpulver bestreuen (optional). Warm oder kalt servieren.

Karamellschnecken MIT PEKANNÜSSEN

FÜR 12 STÜCK

ZUTATEN

- 1 EL Butter
- 1 Rolle Blätterteig (Fertigprodukt)
- 125 g Dulce de Leche (alternativ Karamellaufstrich)
- 100 g Zartbitterschokolade
- 100 g Pekannusskerne
- gemahlener Zimt
- 2 EL Milch

ZUBEREITUNG

Den Backofen auf 200 °C (Ober-/Unterhitze) vorheizen, ein Muffinblech mit Butter fetten und zur Seite stellen.

Den Blätterteig ausrollen, das Dulce de Leche daraufgeben und bis zum Rand hin verstreichen. Die Schokolade und die Nüsse hacken und auf die Dulce de Leche geben. Eine Prise Zimt daraufgeben und die Füllung mit der Hand etwas in die Karamellcreme drücken.

Den Teig nun von der langen Seite her aufrollen und mit einem scharfen Messer in 12 gleich große Stücke schneiden. Jeweils eine Schnecke mit der Schnittfläche nach oben in eine Mulde des Muffinblechs stellen, mit Milch bestreichen und anschließend auf mittlerer Schiene 18–23 Minuten backen, bis sie goldgelb sind. Am besten noch lauwarm servieren.

Tipp

Wenn die Dulce de Leche zu fest sein sollte, in einem Topf oder der Mikrowelle kurz erwärmen, dann lässt sie sich leichter verstreichen.

Tipp

Für den extra Karamellkick und Crunch noch etwas Dulce de Leche über die fertigen Rollen geben und darauf ein paar gehackte Pekannusskerne streuen.

Chili-con-Carne-PASTETEN

FÜR 10 STÜCK

ZUTATEN

- 1 Eigelb (Größe M)
- 3 Rollen Blätterteig (Fertigprodukt)
- 1 Zwiebel
- 1 Knoblauchzehe
- 1 Chilischote
- 2 EL neutrales Pflanzenöl zum Anbraten
- 250 g Rinderhackfleisch
- 2 TL edelsüßes Paprikapulver
- ½ TL gemahlener Kreuzkümmel
- Salz
- 75 ml Bier
- 1 Dose gehackte Tomaten (400 g Füllgewicht)
- 1 Dose Kidneybohnen (250 g Abtropfgewicht)
- 1 kleine Dose Gemüsemais (125 g Abtropfgewicht)
- Pfeffer

FÜR DIE GUACAMOLE

- 2 reife Avocados
- 1 rote Zwiebel
- 2 Knoblauchzehen
- Saft von 1 Limette
- Salz
- Pfeffer
- 1 Tomate
- 3 Stängel Koriander, Blätter abgezupft und gehackt

ZUBEREITUNG

Den Backofen auf 220 °C (Ober-/Unterhitze) vorheizen. Das Eigelb in eine kleine Schüssel geben.

Den Blätterteig ausrollen und mit einem Ausstecher (8 cm Ø) 30 Kreise ausstechen. Aus 20 Kreisen Ringe machen, indem man mit einem kleineren Ausstecher (5-6 cm Ø) das Innere heraussticht.

Die Kreise auf ein Backblech legen, mit Eigelb bestreichen. Darauf jeweils einen Ring legen, andrücken, mit Eigelb bestreichen und einen zweiten Ring darauflegen. Den obersten Ring ebenfalls mit Eigelb bestreichen.

Auf mittlerer Schiene 8–10 Minuten backen, bis sie goldgelb sind.

Die Zwiebel schälen, halbieren und fein würfeln, den Knoblauch schälen und fein hacken. Die Chilischote waschen und ebenfalls fein hacken. Das Öl in einer Pfanne erhitzen, das Hackfleisch darin scharf anbraten. Sobald es etwas Farbe bekommen hat, die Zwiebel- und Knoblauchwürfel sowie die Chilischote hinzugeben und 2–3 Minuten mit anschwitzen.

Mit Paprikapulver, Kreuzkümmel und etwas Salz würzen und mit dem Bier ablöschen. Sobald das Bier einreduziert ist, die Tomaten hinzugeben. Abgedeckt für 30–40 Minuten köcheln lassen. Bohnen und Mais abtropfen, hinzugeben und nochmals für 20–30 Minuten abgedeckt köcheln lassen. Mit Salz und Pfeffer abschmecken.

Währenddessen die Guacamole zubereiten. Dafür die Avocados halbieren, den Stein entfernen und das Fruchtfleisch herauslösen. Mit einer Gabel fein zerdrücken. Die Zwiebel und den Knoblauch schälen, beides fein würfeln und mit dem Saft der Limette, Salz und Pfeffer zu den Avocados geben und unterrühren.

Die Tomate waschen, halbieren, den Strunk und die Kerne entfernen und das Fruchtfleisch fein würfeln. Ebenfalls unterrühren. Mit Salz und Pfeffer abschmecken und mit gehacktem Koriander servieren.

Die gebackenen Pasteten mit dem Chili füllen und mit der Guacamole servieren.

Tipp

Das Chili lässt sich bis zu 3 Tage im Voraus zubereiten und in einem luftdichten Gefäß im Kühlschrank aufbewahren. Vor dem Befüllen einfach nochmal kurz erwärmen.

Mexikanische SCHOKOLADEN-PALMIERS

FÜR 20 PALMIERS

ZUTATEN

- 70 g Zucker
- 20 g Kakaopulver (ungesüßt)
- 1 TL gemahlener Zimt
- 1 TL löslicher Kaffee
- 1 Ei (Größe M)
- 1 Rolle Blätterteig (Fertigprodukt)

ZUBEREITUNG

Den Backofen auf 200 °C (Ober-/Unterhitze) vorheizen und ein mit Backpapier ausgelegtes Backblech bereitstellen.

Den Zucker zusammen mit dem Kakao, dem Zimt und dem löslichen Kaffee in eine Schüssel geben und verrühren, falls nötig, sieben. Das Ei in eine Schüssel geben und mithilfe einer Gabel gründlich verquirlen.

Etwa die Hälfte der Zuckermischung gleichmäßig auf die Arbeitsfläche geben, den Blätterteig ausrollen und darauflegen. Leicht festdrücken. Die Oberseite des Blätterteigs mit etwas Ei bestreichen und die zweite Hälfte der Zuckermischung daraufgeben.

Den Teig von der langen Seite her bis zur Mitte aufrollen. Die gegenüberliegende Seite ebenfalls bis zur Mitte aufrollen. Den Teig nun mit einem scharfen Messer in 20 Scheiben à 2 cm schneiden und diese mit der Schnittfläche nach oben auf die Bleche legen.

Auf mittlerer Schiene 15–20 Minuten backen, bis sie goldgelb sind. Darauf achten, dass die Füllung nicht zu dunkel wird, da sie sonst verbrannt schmeckt.

Wer es feurig mag, kann noch 1 Prise gemahlene Chilischote zur Zuckermischung geben!

Empanadas MIT TOMATENSALSA

FÜR 16–18 STÜCK

ZUTATEN

- 1 Zwiebel
- 1 rote Paprika
- 50 g grüne Oliven
- 1 EL Butterschmalz
- 300 g Rinderhackfleisch
- 1 EL edelsüßes Paprikapulver
- ½ TL getrockneter Oregano
- gemahlener Kreuzkümmel
- Salz
- 100 ml Rinderfond
- 20 g Rosinen
- Pfeffer
- 2 Rollen Blätterteig (Fertigprodukt)
- 1 Ei (Größe M)

FÜR DIE TOMATENSALSA

- 4 Fleischtomaten
- 1 rote Zwiebel
- 1 Chilischote
- 1 Bund Petersilie
- 60 ml Olivenöl
- 1 EL Limettensaft
- Salz
- Pfeffer

ZUBEREITUNG

Die Zwiebel schälen, halbieren und anschließend fein würfeln. Die Paprika halbieren, entkernen, waschen und in 2 x 2 cm große Würfel schneiden. Die Oliven vierteln.

Das Butterschmalz in eine Pfanne geben und erhitzen. Das Rinderhackfleisch darin scharf anbraten. Sobald es etwas Farbe angenommen hat und keine Flüssigkeit mehr in der Pfanne ist, die Zwiebelwürfel hinzugeben und 2–3 Minuten mit anschwitzen. Nun die Paprikawürfel unterrühren und auf mittlerer Hitze 2–3 Minuten mit andünsten. Das Paprikapulver, Oregano und 1 Prise Kreuzkümmel hinzugeben, mit etwas Salz würzen und mit dem Rinderfond ablöschen.

Die Füllung nun bei mittlerer Hitze ohne Deckel köcheln lassen, bis die meiste Flüssigkeit verdampft ist, ca. 5–10 Minuten. Die Rosinen und die Oliven unterrühren, mit Salz und Pfeffer abschmecken und vollständig abkühlen lassen.

Den Backofen auf 200 °C (Ober-/Unterhitze) vorheizen und zwei mit Backpapier belegte Backbleche parat stellen. Den Blätterteig ausrollen und mit einem Ausstecher (10 cm Ø) insgesamt 16–18 Kreise ausstechen.

Etwas Füllung auf eine Teighälfte geben, die andere Hälfte darüberlegen und mit einer Gabel festdrücken. So lange wiederholen, bis der Teig und die Füllung aufgebraucht sind. Das Ei in eine Schüssel geben und verquirlen, die Empanadas damit bestreichen. Auf mittlerer Schiene 20–25 Minuten backen. Die Empanadas schmecken heiß und kalt.

Für die Salsa die Tomaten waschen, halbieren, den Strunk sowie die Kerne herauslösen und das Fruchtfleisch in kleine Würfel schneiden. Die Zwiebel schälen, halbieren und fein würfeln, die Chilischote waschen, in Ringe schneiden und die Petersilie waschen und fein hacken. Die Tomatenwürfel mit den restlichen Zutaten vermengen, mit Salz und Pfeffer abschmecken und einige Minuten durchziehen lassen.

Tipp

Die Füllung kann bis zu 3 Tage im Voraus zubereitet und anschließend in einem luftdichten Gefäß im Kühlschrank aufbewahrt werden.

Orient

Blätterteig-Samosas MIT JOGHURT-MINZ-DIP

FÜR 18 SAMOSAS

ZUTATEN

- 450 g festkochende Kartoffeln
- 1 Zwiebel
- 2 Knoblauchzehen
- 2 EL neutrales Pflanzenöl
- 150 g TK-Erbsen
- 1 TL gemahlener Kreuzkümmel
- ½ TL gemahlene Kurkuma
- 1 TL Garam Masala
- Salz
- Pfeffer
- 3 Rollen Blätterteig (Fertigprodukt)
- 1 Ei (Größe M)

FÜR DEN JOGHURT-MINZ-DIP

- 1 Bund frische Minze
- 1 grüne Chilischote
- 400 g griechischer Joghurt, 10 % Fett
- 2 TL getrocknete Minze
- Salz, Pfeffer
- 2 TL Limettensaft

ZUBEREITUNG

Für die Füllung zunächst die Kartoffeln schälen und in 1 x 1 cm große Würfel schneiden, die Zwiebel und den Knoblauch schälen und beides fein würfeln. Reichlich Wasser zum Kochen bringen, salzen und die Kartoffelwürfel darin 5–8 Minuten kochen. Sie sollten gar, aber nicht weich sein. Danach abgießen und ausdampfen lassen.

Nun das Öl in einer Pfanne erhitzen. Die Zwiebel darin glasig dünsten, dann den Knoblauch, die Kartoffelwürfel und die Erbsen hinzugeben. Für 2–3 Minuten mitdünsten. Nun die Gewürze und 50 ml Wasser hinzugeben. Die Füllung nochmals 3–4 Minuten offen köcheln lassen, dann vom Herd nehmen und vollständig abkühlen lassen.

Den Backofen auf 200 °C (Ober-/Unterhitze) vorheizen und zwei mit Backpapier ausgelegte Bleche bereitstellen.

Blätterteig ausrollen und in 12 x 12 cm große Quadrate schneiden. Auf jedes

Tipp

Die Füllung kann schon am Vortag zubereitet und in einem luftdichten Gefäß im Kühlschrank aufbewahrt werden.

Teigstück einen guten Esslöffel der Füllung geben, zu einem Dreieck falten und die Ränder mit einer Gabel gut zusammendrücken. Das Ei in eine Schüssel geben, verquirlen und die Samosas damit bestreichen. Auf mittlerer Schiene 20–25 Minuten backen.

Für den Joghurt-Minz-Dip die Minze waschen, trocken schütteln und die Blätter von den Stielen zupfen. Die Chilischote waschen, halbieren, die Kerne entfernen und fein hacken. Nun den Joghurt zusammen mit der frischen sowie der getrockneten Minze, der Chilischote und etwas Salz und Pfeffer in eine Schüssel geben und gründlich verrühren.

Mit dem Saft der Limette abschmecken und zu den Samosas servieren.

Pide

MIT ZWEIERLEI FÜLLUNG UND FRUCHTIGEM COUSCOUS-SALAT

FÜR 6 KLEINE / 3 GROSSE PIDE

ZUTATEN

FÜR DIE HACKFLEISCH-PIDE

- 2 Knoblauchzehen
- 1 Stängel Petersilie
- 1 Zwiebel
- 1 rote Spitzpaprika
- 275 g Rinder- oder Lammhackfleisch
- 1 EL Paprikamark
- Salz
- Pfeffer
- 1 Rolle Blätterteig (Fertigprodukt)
- 1 Ei (Größe M)

FÜR DIE SPINAT-PIDE

- 450 g TK-Spinat
- 1 Zwiebel
- 2 Knoblauchzehen
- 1 EL Olivenöl
- ½ TL getrocknete Minze
- Salz
- Pfeffer
- 1 Rolle Blätterteig (Fertigprodukt)
- 1 Ei (Größe M)
- 100 g Feta
- Chiliflocken

FÜR DEN COUSCOUS-SALAT

- 125 g Couscous
- 2 Orangen
- 1 Granatapfel
- 1 Stängel Minze
- 2 Frühlingszwiebeln
- 2 EL Zitronensaft
- 75 ml Olivenöl
- Salz
- Pfeffer

ZUBEREITUNG

Für die Hackfleisch-Pide den Knoblauch schälen und zusammen mit der Petersilie fein hacken. Die Zwiebel schälen und zusammen mit der gewaschenen Spitzpaprika in feine Würfel schneiden, anschließend mit dem Hackfleisch und dem Paprikamark in eine Schüssel geben. Die Zutaten von Hand gut vermengen, mit Salz und Pfeffer abschmecken und zur Seite stellen.

Den Backofen auf 200 °C (Ober-/Unterhitze) vorheizen. Zwei Backbleche mit Backpapier auslegen und zur Seite stellen.

Den Blätterteig ausrollen und in 6 gleich große Stücke schneiden. Auf jedes Rechteck 2 EL der Füllung geben, mit den Händen verteilen und dabei rundherum einen Rand von etwa 2 cm lassen. Die Teigränder rechts und links über die Füllung schlagen und die Enden oben und unten gut festdrücken und zu leichten Spitzen formen. Die Pide auf ein Backblech setzen.

Das Ei nun in eine kleine Schüssel geben, mit einer Gabel kräftig verrühren und die Ränder damit bestreichen. Auf mittlerer Schiene für 20–25 Minuten backen. Die Ränder sollten goldgelb werden.

Für die Spinat-Pide den Spinat auftauen lassen. Dann die Zwiebel schälen, würfeln und den Knoblauch schälen und fein hacken. Das Olivenöl in einer großen Pfanne erhitzen, die Zwiebelwürfel darin 3–4 Minuten glasig dünsten. Dann den Knoblauch hinzugeben und 1 weitere Minute dünsten lassen. Vom Herd nehmen.

Nun von Hand das Wasser aus dem Spinat drücken. Den Spinat mit der Zwiebel-Knoblauch-Mischung vermengen. Anschließend mit Minze, Salz und Pfeffer abschmecken.

Zum Formen und Backen genauso verfahren, wie bei den Hackfleisch-Pide beschrieben. Die fertigen Spinat-Pide mit zerbröseltem Feta und Chiliflocken bestreuen und servieren.

Für den Couscous-Salat den Couscous nach Packungsanweisung zubereiten. Die Orangen filetieren, die Kerne aus dem Granatapfel lösen, die Minze waschen, trocken schütteln, fein hacken und die Frühlingszwiebeln waschen und in feine Streifen schneiden.

Für das Dressing den Zitronensaft zusammen mit dem Olivenöl, Salz und Pfeffer in ein kleines Schraubglas geben, verschließen und kräftig schütteln.

Den Couscous in eine Schüssel geben, die Orangenfilets, die Granatapfelkerne, die Minze und die Frühlingszwiebeln hinzugeben und alles vermengen. Nun das Dressing darübergeben und den Salat nochmals abschmecken.

Tipp

Die Pide schon einige Stunden im Voraus vorbereiten und abgedeckt im Kühlschrank aufbewahren. Dann kurz vor dem Servieren erst mit Ei bestreichen und backen.

Falafel Rolls MIT TAHIN-SAUCE

FÜR 24 STÜCK

ZUTATEN

- 250 g getrocknete Kichererbsen
- 1 Zwiebel
- 2 Knoblauchzehen
- 1 Bund glatte Petersilie oder Koriander
- 1 TL gemahlener Kreuzkümmel
- ½ TL Chilipulver
- 1 TL Backpulver
- Salz
- Pfeffer
- 1 Rolle Blätterteig (Fertigprodukt)
- 1 Ei (Größe M)

FÜR DIE TAHIN-SAUCE

- 250 g Tahin (aus dem Glas)
- 2 Knoblauchzehen
- 3 Stängel glatte Petersilie
- 2 EL Zitronensaft
- Salz

ZUBEREITUNG

Die Kichererbsen über Nacht laut Packungsanweisung einweichen. Am nächsten Tag abgießen, abtropfen lassen und im Standmixer zu Mus pürieren. Den Backofen auf 200 °C (Ober-/Unterhitze) vorheizen.

Zwiebel und Knoblauch schälen und würfeln. Zusammen mit der gewaschenen Petersilie, Kreuzkümmel und Chilipulver in den Standmixer geben und pürieren. Backpulver unter das Kichererbsenmus rühren. Mit Salz und Pfeffer abschmecken. Den Blätterteig ausrollen und in 3 Streifen à 40 x 8 cm schneiden. Ei in eine Schüssel geben und verquirlen.

Die Falafelmasse dritteln, zu Strängen formen und diese mittig auf die Teigstreifen setzen. Die Teigränder ringsherum mit Ei einstreichen und über die Füllung schlagen. Die Rollen nun drehen, damit die Teignaht nach unten zeigt. Stücke von ca. 5 cm Länge abschneiden und diese auf ein Backblech setzen.

Mit Ei bestreichen und auf mittlerer Schiene 20–25 Minuten backen. Für die Sauce Tahin in einen Standmixer geben und mit 175 ml Wasser mixen. Knoblauchzehen schälen, fein reiben, Petersilie waschen, hacken und beides in die Sauce rühren. Mit Zitronensaft und etwas Salz abschmecken.

Tipp

Die Falafelmasse lässt sich am besten mit angefeuchteten Händen verarbeiten.

Köfte im Blätterteig MIT TOMATEN-GURKEN-SALAT

FÜR 12 STÜCK

ZUTATEN

- 1 Zwiebel
- 2 Knoblauchzehen
- ½ Bund glatte Petersilie
- 500 g Rinder- oder Lammhackfleisch
- 1 Ei (Größe M)
- 50 g Semmelbrösel
- 1 TL gemahlener Kreuzkümmel
- 1½ EL edelsüßes Paprikapulver
- gemahlener Piment
- Salz
- Pfeffer
- 1 Rolle Blätterteig (Fertigprodukt)
- 1 Ei (Größe M)
- 1 EL Schwarzkümmel

FÜR DEN TOMATEN-GURKEN-SALAT

- 1 Zwiebel
- 1 Salatgurke
- 3–4 Tomaten (ca. 500 g)
- 1 Chilischote
- ½ Bund glatte Petersilie
- 2 EL Zitronensaft
- 2 EL Olivenöl
- Salz
- Pfeffer

ZUBEREITUNG

Die Zwiebel und den Knoblauch schälen. Die Zwiebel fein würfeln, den Knoblauch hacken. Die Petersilie waschen, trocken schütteln und fein hacken. Den Backofen auf 200 °C (Ober-/Unterhitze) vorheizen.

Das Hackfleisch zusammen mit der Zwiebel, dem Knoblauch, dem Ei, den Semmelbröseln sowie Kreuzkümmel, Paprikapulver, 1 Prise gemahlenem Piment, der Petersilie sowie etwas Salz und Pfeffer in eine Schüssel geben und von Hand gründlich verkneten.

Den Blätterteig ausrollen und in 3 Streifen à 40 x 8 cm schneiden.

Nun das Ei in eine Schüssel geben und mithilfe einer Gabel gründlich verquirlen.

Die Köftemasse dritteln, zu drei Strängen à 40 cm formen und diese mittig auf die Teigstreifen setzen. Die Teigränder ringsherum mit Ei einstreichen und über die Füllung schlagen. Die Rollen nun drehen, damit die Teignaht nach unten zeigt.

Mit einem scharfen Messer Stücke von ca. 10 cm Länge abschneiden und diese auf ein mit Backpapier ausgelegtes Backblech setzen. Mit Ei bestreichen, mit Schwarzkümmel bestreuen und auf mittlerer Schiene 25–30 Minuten backen. Die Köfte im Blätterteig sollten goldgelb und knusprig sein.

Für den Salat die Zwiebel schälen, halbieren und in Ringe schneiden. Die Gurke schälen, längs vierteln und in Stücke schneiden, die Tomaten waschen, halbieren, den Strunk entfernen und in Schnitze schneiden. Alles in eine Schüssel geben.

Die Chilischote längs halbieren, die Kerne entfernen, waschen und anschließend fein hacken. Die Petersilie waschen, trocken schütteln, fein hacken und zusammen mit der Chili zum Salat geben. Den Zitronensaft und das Olivenöl miteinander vermengen und zum Salat geben. Alles mit Salz und Pfeffer abschmecken und zu den Köfte servieren.

Tipp

Zu den Köfte passen auch wunderbar der Joghurt-Minz-Dip (S. 112) oder die Tahin-Sauce (S. 118).

Blätterteig-Börek mit Tomaten-Walnuss-Füllung

FÜR 12 STÜCK

ZUTATEN

- 75 g Walnusskerne
- 100 g getrocknete Tomaten (in Öl eingelegt)
- 1 TL getrocknete Minze
- Salz
- Pfeffer
- Chilipulver
- 100 g Feta
- 1 Rolle Blätterteig (Fertigprodukt)
- 1 Ei (Größe M)
- 3 TL Sesam (alternativ Schwarzkümmel)

ZUBEREITUNG

Die Walnüsse ohne Fett in einer Pfanne rösten, bis sie anfangen zu duften. Anschließend zusammen mit den Tomaten in einen Standmixer geben und zu einer mittelfeinen Masse verarbeiten. Mit Minze, Salz, Pfeffer und 1 Prise Chilipulver abschmecken. Den Feta von Hand zerkrümeln und unter die Masse rühren.

Den Backofen auf 200 °C (Ober-/Unterhitze) vorheizen und ein mit Backpapier belegtes Backblech bereitstellen.

Den Blätterteig ausrollen und in 12 Rechtecke à 10 x 8 cm schneiden.

Das Ei in eine Schüssel geben und mithilfe einer Gabel gründlich verquirlen. Den Blätterteig mit Ei bestreichen. Pro Teigstück 1–2 EL der Füllung auf den Teig geben und mittig entlang der langen Seite verteilen. Die kurzen Seiten über die Füllung legen, dann die langen Seiten über die Füllung legen und anschließend mit der Naht nach unten auf dem Backblech positionieren.

Mit etwas Ei bestreichen, Sesam darübergeben und auf mittlerer Schiene 20–25 Minuten backen.

Sesamstangen MIT PAPRIKA-HUMMUS

FÜR 26 STÜCK

ZUTATEN

- 1 Rolle Blätterteig (Fertigprodukt)
- 1 Ei (Größe M)
- 3 TL Sesam
- 3 TL schwarzer Sesam (alternativ Schwarzkümmel)
- 1 TL Meersalzflocken
- ½ TL gemahlener Kreuzkümmel

FÜR DEN PAPRIKA-HUMMUS

- 3 rote Spitzpaprika (ca. 200 g)
- 1 Chilischote
- 1 Dose Kichererbsen (Abtropfgewicht 265 g)
- 60 g Tahin
- 1 Knoblauchzehe
- 1 TL edelsüßes Paprikapulver
- 1 TL gemahlener Kreuzkümmel
- Salz
- Pfeffer
- 1 Spritzer Limettensaft
- 2–3 EL Olivenöl

ZUBEREITUNG

Den Backofen auf 200 °C (Ober-/Unterhitze) vorheizen und ein mit Backpapier belegtes Backblech bereitstellen.

Paprika waschen und in eine Auflaufform geben. Auf mittlerer Schiene 25–35 Minuten backen. Sie sollten schwarze Blasen werfen und weich sein. Paprika in eine Schüssel geben und abdecken, abkühlen lassen. Währenddessen den Blätterteig ausrollen und mit einem scharfen Messer in 12 x 3 cm Stücke schneiden. Ei verquirlen. Blätterteigstücke mit Ei bepinseln, mit Sesam und Meersalz bestreuen. Abschließend 1 Prise Kreuzkümmel auf jede Stange geben. 9–12 Minuten (Mitte) backen.

Für den Hummus die Haut der Paprika, den Strunk und die Kerne entfernen. Die Chilischote halbieren, entkernen und waschen. Die Paprika zusammen mit den Kichererbsen, Tahin, Knoblauch, Chili, Gewürzen, Salz und Pfeffer in einem Standmixer pürieren. Mit demLimettensaft und etwas Olivenöl abschmecken und zu den Blätterteigstangen servieren.

Tarte Tatin MIT MÖHREN

FÜR 1 TARTE

ZUTATEN

- 6–7 mittelgroße Möhren
- 40 g Butterschmalz
- 1 TL getrocknete Minze
- ½ TL Chilipulver
- Salz
- 2 EL Honig
- 1 Rolle Blätterteig (Fertigprodukt)

ZUBEREITUNG

Den Backofen auf 200 °C (Ober-/Unterhitze) vorheizen.

Die Möhren schälen und der Länge nach halbieren oder vierteln. Butterschmalz in einer ofenfesten Pfanne (24 cm Ø) erhitzen und die Möhren darin 10–15 Minuten bei mittlerer Hitze anbraten. Sobald die Möhren etwas Farbe angenommen haben und weicher sind, die getrocknete Minze darüberstreuen, mit etwas Chilipulver und Salz würzen und den Honig in die Pfanne geben.

Den Blätterteig ausrollen und auf die Möhren geben. Die Ränder etwas nach unten einschlagen. Die Tarte Tatin nun für 30–35 Minuten auf mittlerer Schiene backen, bis der Blätterteig goldgelb ist.

Die fertige Tarte Tatin aus dem Ofen nehmen, einige Minuten abkühlen lassen und anschließend auf einen großen Teller stürzen. Lauwarm oder kalt genießen.

Tipp

Wer keine ofenfeste Pfanne hat, kann die Möhren nach dem Anbraten auch in eine Tarteform geben und darin backen.

Blätterteig-Baklava MIT SIRUP

1 BACKFORM (40 X 24 CM)

ZUTATEN

- 150 g Walnusskerne
- 75 g Pistazienkerne
- 100 g Haselnusskerne
- 1½ TL gemahlener Zimt
- 60 g brauner Zucker
- 75 g weißer Zucker
- 3 Rollen Blätterteig (Fertigprodukt)

FÜR DEN SIRUP

- 1 EL Zitronensaft
- 50 g Honig

ZUBEREITUNG

Den Backofen auf 200 °C (Ober-/Unterhitze) vorheizen und eine Backform mit Backpapier auslegen.

Die Nüsse zusammen mit dem Zimt in einen Standmixer geben und so lange immer wieder pulsieren, bis die Nüsse relativ fein sind. Ein paar größere Stücke dürfen noch dabei sein. Die Nüsse dann mit dem Zucker vermengen.

Den Blätterteig ausrollen und den Boden der Form damit auslegen. Die Hälfte der Nussmischung gleichmäßig darauf verteilen. Einen zweiten Blätterteig daraufgeben, die restliche Nussmischung darauf verteilen. Abschließend einen weiteren Blätterteig daraufgeben. Etwas festdrücken. Auf mittlerer Schiene 25–30 Minuten backen. Die Oberfläche sollte leicht bräunen.

In der Zwischenzeit 125 ml Wasser zusammen mit dem Zitronensaft und dem Honig in einen Topf geben und unter Rühren aufkochen, dann köcheln lassen, bis der Sirup etwas eingedickt ist. Das Baklava aus dem Ofen holen, 15 Minuten abkühlen lassen, in Stücke schneiden und anschließend den Sirup darübergeben.

Baba-Ganoush-Tartes MIT FRITTIERTER AUBERGINE

FÜR 4 TARTES À 12 CM Ø

ZUTATEN

- 1 Rolle Blätterteig (Fertigprodukt)
- 1 Granatapfel
- frische Kräuter

FÜR DAS BABA GANOUSH

- 1 große Aubergine
- 75 g Joghurt, (10 % Fett)
- 1 Bund Kräuter nach Belieben (z. B. Minze, Petersilie, Koriander)
- 2 EL Tahin
- 1 Knoblauchzehe
- Salz
- Pfeffer
- Saft von 1 Zitrone

FÜR DIE FRITTIERTE AUBERGINE

- Olivenöl
- 1 kleine Aubergine

ZUBEREITUNG

Den Backofen auf 220 °C (Ober-/Unterhitze) vorheizen.

Die Aubergine für das Baba Ganoush waschen und mit einem spitzen Messer mehrfach einstechen. Die Aubergine nun für 30–40 Minuten im Ofen backen, bis sie ganz weich und die Haut fast schwarz ist. Aus dem Ofen nehmen und etwas abkühlen lassen. Die Aubergine dann halbieren und das Fruchtfleisch mithilfe eines Löffels herauskratzen.

In der Zwischenzeit den Blätterteig ausrollen und passend für die Tarte-Förmchen in 4 Teile schneiden. Die Förmchen mit Teig auskleiden und dabei einen Rand hochziehen, die Böden mit einer Gabel jeweils mehrere Male einstechen und in den Kühlschrank geben.

Das Fruchtfleisch zusammen mit dem Joghurt, den gewaschenen Kräutern, dem Tahin und der geschälten Knoblauchzehe in einen Standmixer geben und zu einem Mus verarbeiten. Mit Salz, Pfeffer und dem Saft der Zitrone abschmecken und zur Seite stellen.

Den Backofen auf 200 °C (Ober-/Unterhitze) vorheizen. Die Tartes auf mittlerer Schiene ca. 20–25 Minuten backen. Sie sollten goldgelb sein. Aus dem Ofen nehmen und kurz abkühlen lassen, dann das Innere mit der Rückseite eines Löffels etwas nach unten drücken.

Für die frittierte Aubergine Olivenöl etwa 1–2 cm hoch in eine Pfanne gießen und erhitzen. Die Aubergine in 1 x 1 cm große Würfel schneiden und darin frittieren, bis sie Farbe angenommen haben, dann auf etwas Küchenkrepp abtropfen lassen.

Die Blätterteigtartes nun mit dem Baba Ganoush füllen, mit frittierter Aubergine, Granatapfelkernen und frischen Kräutern garnieren und servieren.

Tipp

Das Baba Ganoush und die Tartes können schon am Vortag zubereitet werden. Das Baba Ganoush dann im Kühlschrank aufbewahren. Die Tartes erst kurz vor dem Servieren befüllen.

Röllchen mit DATTEL-WALNUSS-FÜLLUNG

FÜR 20–24 STÜCK

ZUTATEN

- 500 g getrocknete Datteln
- 60 g Zucker
- 200 g Walnusskerne
- Abrieb von 1 Bio-Orange
- 2 EL Orangensaft
- 1 TL Vanilleextrakt
- 1 Rolle Blätterteig (Fertigprodukt)

ZUBEREITUNG

Den Backofen auf 200 °C (Ober-/Unterhitze) vorheizen und ein mit Backpapier ausgelegtes Blech bereitstellen.

Die Datteln (entsteint) zusammen mit dem Zucker, den Walnüssen, dem Abrieb der Orange sowie dem Saft und dem Vanilleextrakt in eine Küchenmaschine geben und so lange pulsieren, bis eine feine Masse entstanden ist.

Den Blätterteig ausrollen und der Länge nach in 3 Streifen à 40 x 8 cm schneiden. Ein Drittel der Dattelmasse der Länge nach mittig auf den ersten Blätterteig geben. Die Teigränder ringsherum gründlich mit etwas Wasser benetzen und über die Füllung schlagen. Mit der Teignaht nach unten legen und mit einem scharfen Messer Stücke von 4–5 cm schneiden. Mit dem zweiten und dritten Teigstück und dem Rest der Füllung ebenso verfahren.

Die Röllchen auf mittlerer Schiene 25–30 Minuten backen, bis sie goldgelb sind. Die Röllchen abkühlen lassen und entweder direkt servieren oder in einer luftdichten Dose bei Zimmertemperatur aufbewahren.

Tipp

Die Dattelmasse lässt sich am besten mit angefeuchteten Händen verarbeiten.

Register

Über die AUTORIN

Janina Lechner ist eine reiselustige Weltenbummlerin, die mit ihrem Mann und dem gemeinsamen Sohn im idyllischen Mittelfranken lebt. Wenn sie nicht gerade von der nächsten Reise in ferne Länder träumt, verbringt sie ihre Zeit mit Kochen und Backen. Das Probieren von neuen Gerichten und der Blick in fremde Kochtöpfe entspannen und begeistern sie mindestens genauso sehr wie das In-Szene-Setzen der fertigen Gerichte. Seit 2015 teilt sie ihre Begeisterung fürs Kochen und Backen auf ihrem Blog ***Kleines Kulinarium*** und arbeitet inzwischen erfolgreich als Fotografin und Rezeptentwicklerin für Unternehmen und Verlage.

Danke!

Mein Dank gilt meinem Mann Florian, der immer hinter mir steht und mich unterstützt, wo er nur kann. Meinem Sohn Levi für sein schonungsloses Feedback zu den Rezepten und seine Engelsgeduld. Meinen Eltern, die mich in jedem Vorhaben unterstützen und mir den Rücken freihalten, wann immer es geht. Meinen Schwiegereltern für ihr stets sehr reges Interesse und das Verkosten einiger Rezepte. Und last, but not least natürlich meiner Projektmanagerin und Lektorin Kira für ihr Vertrauen und die wunderbare Zusammenarbeit.

… NOCH MEHR TOLLE BÜCHER!

Je ne RACLETTE rien!
ISBN 978-3-960**93-422**-6
€ 15,00 (D) / € 15,50 (A)

Buddha-Bowls
ISBN 978-3-863**55-640**-2
€ 16,99 (D) / € 17,50 (A)

Thali – Das Indien-Kochbuch
ISBN 978-3-960**93-485**-1
€ 25,00 (D) / € 25,70 (A)

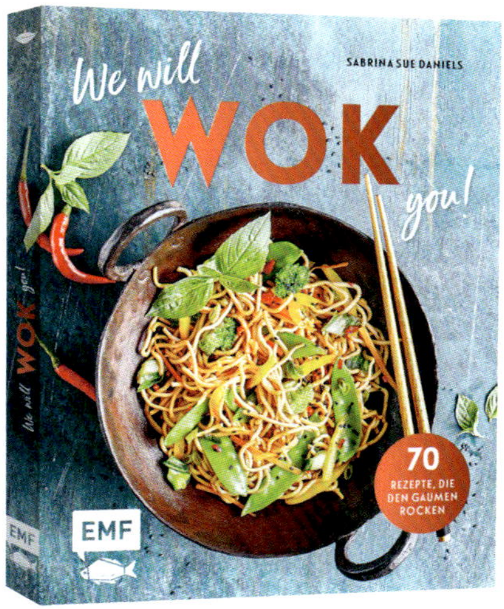

We will WOK you!
ISBN 978-3-960**93-682**-4
€ 15,00 (D) / € 15,50 (A)

Bibliografische Information der Deutschen Bibliothek.

Die Deutsche Bibliothek verzeichnet diese Publikation in der Deutschen Nationalbibliografie.

Detaillierte bibliografische Daten sind im Internet über http://www.dnb.de/ abrufbar.

EIN BUCH DER EDITION MICHAEL FISCHER

1. Auflage 2020

Reihengestaltung: Silvia Keller
Satz: Bernadett Linseisen
Projektleitung und Lektorat: Kira Uthoff
Fotos: ©Janina Lechner
Autorenfoto: ©Kathi Meier, Spiegelhof Fotografie
Illustrationen: Europa: ©Pyty, Tschechiscne Republik/Shutterstock
Amerika: ©Bumbim, Thailand/Shutterstock

ISBN 978-3-96093-845-3

Gedruckt bei Polygraf Print, Čapajevova 44, 08001 Prešov, Slowakei

www.emf-verlag.de